JN099072

増補改訂

動画でいちばんよくわかる 空手道

公益社団法人 日本空手協会 監修

日本文芸社

はじめに

伝統ある日本の武道である空手道は、いまや全世界に広がり、多くの愛好家が日々鍛錬に励んでいます。

もともと空手道は、いみじくも「道」の名がつく通り、ただ強さを求めるだけの攻撃的武術ではなく、ただ勝敗を決めるだけのスポーツでもありません。

自己を磨き、人格完成を目指すための術。そして、自分の肉体を使って自分の身を守るための護身術。これが空手道の本質なのです。

「一撃必殺」を志すのは、自分に脅威を与える他者を瞬時に無力化するため。空手道の稽古では、練習相手に攻撃を当てることは基本的に禁じられています。逆にいうと、修練を積んだ空

手道の技は相手を壊してしまうほどの破壊力をもっていて、いかなる時でも瞬時に目標に対処できるのです。

　また、自己鍛錬の術である空手道は、とにかく基本を重んじます。相手を倒すことが究極の目標ではなく、「技を極める」ことで自分の精神を鍛錬するのですから、それも当然のことです。

　この本では、その原点に立ち返りつつ、基本をしっかりと身につけるための「術」をたくさん用意してあります。

　本書がレベルに分けた構成になっているのは、いたずらに新しい技や連携を覚えるのではなく、順を追って修得してほしいためです。「立ち方」や「重心移動」といった基礎中の基礎が、実は本当に大切なことである、ということを身をもって体得してほしいのです。

　レベルをクリアするごとに、あなたは空手道の本質を体で理解していくことでしょう。

CONTENTS

目次

はじめに……002
QRコードで動画を観るには……006
道着を着る前に……007
空手道の心・技・体……008
空手のいろいろな技　手技の種類……010
受けの種類……015
足技の種類……016
空手のいろいろな立ち方……018
人体急所図……020

LEVEL. 1 **立ち方・基本動作・技のコース**……021
レベル1にあたって……022
基本の立ち方……024
直突……026
上段揚受……028
中段外受……030
中段内受……032
下段払……034
手刀受……036
前蹴……038
空手のためのトレーニング1……040
空手コラム　**空手の歴史1**……042

LEVEL. 2 **立ち方と手技・足技**……043
レベル2にあたって……044
立ち方②……046
前屈立 順突……048
半身・正面……050
逆突・刻突……052
前屈立での受け……054
後屈立での受け……056
前屈立での前蹴……058
空手のためのトレーニング2……060
空手コラム　**空手の歴史2**……062

LEVEL. 3 **運足・重心移動・方向転換**……063
レベル3にあたって……064
運足の基本①……066
運足の基本②……068
運足と突き……070
運足と受け①……072
運足と受け②……074
運足と受け③……076
運足と蹴り……078
横移動……080
横蹴込・横蹴上……082
平安初段……084

五本組手……086
空手コラム　空手の流派1……090

LEVEL.4 基本コンビネーション……091
レベル4にあたって……092
受けから突き①……094
受けから突き②……096
受けから突き③……100
突きから突き①……102
突きから突き②……104
平安二段……106
平安三段……108
空手コラム　空手の流派2……110

LEVEL.5 応用技・応用コンビネーション……111
レベル5にあたって……112
前屈立からの廻蹴……114
前屈立からの横蹴込……116
前蹴から順突……118
廻蹴・横蹴込から逆突……120
中段外受から猿臂……124
中段前蹴から上段前蹴……126
平安四段……128
平安五段……130

鉄騎初段……136
基本一本組手……140
空手コラム　空手道とは何か？……142

LEVEL.6 より高度な型と組手……143
レベル6にあたって……144
抜塞(大)……146
観空(大)……152
燕飛……158
慈恩……164
自由一本組手①……170
自由一本組手②……174
空手コラム　世界の空手……178

LEVEL.7 自由組手……179
レベル7にあたって……180
自由組手　攻撃技……182
自由組手　出合い・カウンター……184
自由組手　後の先……186

日本空手協会　解説……188

日本空手協会　公式サイトとは？……190

QRコードで動画を観るには

QRコードから視聴できる動画には、立ち方から組手まで、本書に掲載されているレベルに従ったすべての項目の映像が収録されています。また、本書で紹介している「型(かた)」の全挙動も、動画では確認できます。要所要所はスロー映像で紹介していますので、本書の内容をより深く理解できることでしょう。書籍では表現できない「動き」を動画でしっかりとチェックして、あなたの空手道をレベルアップさせてください。

●押すと動画の再生と一時停止が切り替わります

●少し戻したい時、先を観たい時はこの線をドラッグしてください

●音量はここで上下できます

●押すと全画面で視聴できます。元に戻すにはもう一度押してください

レベル LEVEL.4

レベル LEVEL.3

レベル LEVEL.2

レベル LEVEL.1

レベル LEVEL.7

レベル LEVEL.6

レベル LEVEL.5

QRコードの使用法

各章には「QRコード」が印刷されており、スマホやタブレットから読み取ることでそのページで紹介している空手の動画が視聴できます。iPhone (iOS)、Android対応機器の標準カメラを起動し、画角内に収めることでQRコードを読み込むことが出来ます。OSのバージョンや機種によって読み込めない場合もありますので、詳しくはご使用の機種の説明書などをご参照ください。

・QRコードを読み取っての動画閲覧は、予告なく終了する可能性がございます。ご了承ください。
・QRコードは株式会社デンソーウェーブの登録商標です。

道着を着る前に

空手道の心・技・体

空手道では、「心・技・体の一致」が不可欠なものとして説かれています。
空手道を志す者の心得として重要なことを、最初に学んでいきましょう。

「空手に先手なし」

「空手道を修行する者は、いついかなる時でも、自分から攻撃を仕掛けてはならない」という戒めです。昔から空手道は「君子の武術」といわれています。空手の修練者にとって自分の肉体は武器であり、技を見せるのは侍が刀を抜くのと同じこと。それゆえ、ひけらかすような行為は厳しく禁じられているのです。また、この言葉は単純に「反撃なら許される」という意味ではなく、「危険には最初から近づかない」という深い意味も込められています。空手を修練する者は必ず心に留めておくべきです。

「空手に構えなし」

「相手の動きにとらわれて身を固くしてはならない」という戒めです。常に心に余裕をもち、いついかなる方向から攻撃されても対処できるようにしておく、ということです。空手の型や組手は必ず自然体からスタートします。リラックスした自然な体勢が理想なのです。ただ、体に構えはありませんが、心に隙があるとそこにつけ込まれるゆえ、これには構えが必要です。そして、武道の奥義はこの「心の構え」すらなくしてしまうこと。いわゆる「無の境地」なのです。

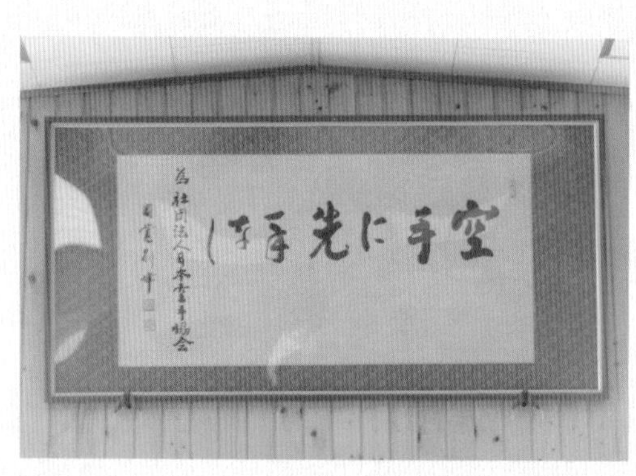

体の安定

剣道の達人の構えは、寸分の隙もなく、美しいものです。これは、運動力学上でも合理的だからです。空手において正しいフォームが要求されるのは、科学的裏付けがあるからこそなのです。特に自分の肉体を武器とする空手道は、体の各所が安定していないと、極めのある技は出せません。バランスが特に大事なことは覚えておきましょう。

力とスピード

筋力が大きいだけでは、相手に十分な衝撃を与えるだけの技は繰り出せません。突きでも蹴りでも、技のスピードを上げることは一つの目標とするべきです。ただし、技の最初から力んでいてはスピードは出ません。不必要な力を抜くことがスピードを生むのです。

力の集中

力強い技は体の各部分の力が同時に、同方向に、同一の目的に向かって協力し合ってこそ生まれるものです。体の各所が順序よく集中してこそ、技は力強さを増していきます。また、技をかける時には、力の強弱が大事です。力の配分は0→10→0。最初は力を抜き、瞬間的に力を爆発させて技を極め、また力を抜くという意味です。ただし、力を抜くことと気を抜くことは同じではない、ということは肝に銘じておきましょう。

筋力

人間の体を動かしているのは、いうまでもなく筋肉です。空手道の修練にも当然筋力トレーニングは必要であり、無駄な筋力を使うことなく技を繰り出せれば「極め」の力は増大します。筋肉を鍛えるのは、技のスピードを上げるため、ひいては「極め」の爆発力を上げるため、と考えましょう。

リズム

武道やスポーツには、リズムが不可欠です。音符では表現できないものの、優れたアスリートの動きはリズミカルで美しいものです。空手道の型にも緩急や力の強弱が不可欠であり、組手も自分のリズムをもつことが要求されます。だからこそ、熟練者の動きは美しく、力強いのです。

生涯武道

「生涯武道」という言葉があります。目先の強さだけを追うのではなく、日々の生活、そして生涯を通じて武道を修練していこう、という姿勢です。そうして、自分自身の心の中にある雑念・弱さを、空手道を通じて克服していく。この、己に打ち克つことを「克己」といいますが、これこそ空手道の精神の最たるものです。日々の生活も空手道の修練の場であり、逆に空手道を通して身につけた強い心は、毎日を豊かにしてくれるはずです。

拳・ヒジ・指・手刀すべてが武器となる

道着を着る前に

空手のいろいろな技
手技の種類

豊富なバリエーションを状況で使い分ける

手やヒジは、武器として使える種類が、体の中でもっとも豊富な部位だ。また攻撃方法も多彩で、指を握りしめる拳(けん)だけでも、相手の正面から攻撃する直突(じかづき)や、拳を振り下ろす拳槌(けんつい)、拳の裏面で打つ裏拳などバリエーションが多い。それぞれの利点を学び、とっさの状況判断で、しっかり使い分けられるようにしよう。

順突(おいづき)(直突)
前に出した軸足と同じ側の手で突く

逆突(ぎゃくづき)(直突)
全身のひねりを利用して、軸足と逆の手で突く

猿臂(えんぴ)
いわゆるヒジ打ち。間合いが狭い場合に有効

裏拳(うらけん)
手の甲を叩きつける。縦・横等の向きに応用

手技 裏突

手を正拳に握り、腕をひねりながら、拳をやや突き上げるように出す。相手の腹部や水月(ミゾオチ)、また脇腹を狙う際に使用する。ただし、脇をしっかりと締めないと破壊力が落ちるので、腕のひねりと脇には特に注意しよう。

手技 揚突(あげづき)

手は正拳の形に握り締め、拳を下から上に突き上げる。拳のもっとも固い拳頭(指の付け根の背面あたり)で、相手の胸やアゴを下から狙う技。攻撃する拳の軌道は、拳で縦に円を描くように腕を回すイメージが必要となる。

手技　鉤突（かぎつき）

相手に対して体を横に構え、ヒジを直角に曲げて突く。脇腹や水月を狙うのに効果的な技だ。ヒジを曲げて突くため間合いが狭く、また脇があくので力が逃げやすい。仕掛ける時は、一歩踏み込んで突くイメージが大切だ。

手技　回突（まわしづき）

回突は、体の横から腕を回し、拳で半円を描くようにして出す技だ。相手の顔面や体の側面などを狙うのに効果がある。相手にとっては、死角から突きが飛び込んでくるような感覚になるので、意外性のある突きとしても使える。

手技　合せ突

上段に直突、中段には裏突で攻撃する合わせ技。相手の中心線（正中線）にそった2ヶ所（顔面と水月）を同時に狙うことで、防御を惑わせる効果がある。突きの軌道は上段・中段ともに真っ直ぐなコースをとる。

手技　山突

両手で上段と中段に同時に突きを出す技の一つ。中段への突きは真っ直ぐだが、上段への突き（写真では右手）はややカーブしながら突き出す。体は横に向き、中段への突きは、腰でヒジを支えるような形となる。

手技　挟突（はさみづき）

挟突は、その名の通り、両方の拳で相手の胴体を挟み込むようにして突き出す技。突きの軌道は回突と同様に、両方の腕を体の横から出し、拳で半円を描くようにして突く。使用する部位は、正拳は拳頭（指の付け根部分）。

手技　平行突

両手で同時につく諸手突（もろてづき）の一種。両方の手が同じタイミング、同じ高さで真っ直ぐに突き出される（両方とも直突）。狙う部位は相手の両胸のやや下あたりとなり、相手の突進を、反対に突き飛ばすような威力がある。

手技　縦裏拳

横裏拳と同じように、拳の甲（裏拳）で攻撃する技。横裏拳との大きな違いは、ヒジを中心にして腕を縦方向に伸縮させることだ。横裏拳は、相手の側面を狙うが、縦裏拳は、正面から顔面を狙う場合などに効果がある。

手技　横裏拳

相手に対して、体は横向きとなり拳の甲（裏拳）で攻撃する技。ヒジを横方向に伸縮させて、相手の側面を狙う。この技は、ヒジのスナップが非常に重要となり、このスピードが遅いと効果的な技にならないので気をつけよう。

手技　横猿臂

相手に対して体を正面に向けて打ち込むのが前肘当（前猿臂）だが、体の横方向にヒジで攻撃するのが横猿臂。相手の胸部や側面を狙う場合に使用する。猿臂は、片方の手を相手につかまれた場合に効果が高い技の一つだ。

手技　前猿臂

猿臂は、人体の中でももっとも硬い部位の一つといわれる"ヒジ"を直接相手に打ち込む攻撃だ。間合いが近い分、接近戦で効果が高い。ただし遠距離への攻撃は、失敗しやすいので注意。

手技　縦猿臂

ヒジを下から上に振り上げるようにして出すのが縦猿臂だ。相手の懐に入り、アゴや水月を狙う技の一つで、非常に大きな破壊力をもつ。その他の猿臂と同様に接近戦では特に大きな効果を発揮する。

手技　後猿臂

後ろから襲われた場合などに効果を発揮するのが後猿臂。後ろ向きのまま、相手の胸部や水月（ミゾオチ）を狙って繰り出す。腕やヒジの使い方は、直突などの引き手と同じ動きと考えるとイメージしやすくなる。

手技　内回手刀打

体の内側から外側に腕を回し、ヒジのスナップにより、手刀（手のひらの小指側の側面）で攻撃する。コメカミ、頸動脈、脇腹など、体の側面や拳では入らない場所に打ち込む場合に手刀を使う。手刀の軌道は、手刀受と同じとなる。

手技　落猿臂

縦猿臂と逆の動きになるのが、上から下に打ち落とす落猿臂。相手の体勢が崩れて倒れ込んだり自分の真下にいる場合や、相手の手をつかみ引き込んだ後に、後頭部・顔面・胴体などに打ち込む技だ。

手技　背刀打

小指側の側面を使う手刀とは反対に、手のひらの親指側の側面を使うのが背刀打。手刀と同様に、狭い部位を攻撃する際に使われる。背刀打も手刀打も、体の姿勢や腕の位置、また相手との間合いなど、場面ごとに使い分ける。

手技　外回手刀打

内回手刀打の反対の動きとなるのが、外回手刀打だ。これは、体の外から内側に腕を回し、手刀で攻撃する技。狙う部位は、内回手刀打と同様に、コメカミや頸動脈など打撃ポイントが狭い場合に使用する。

武器　拳槌（けんつい）

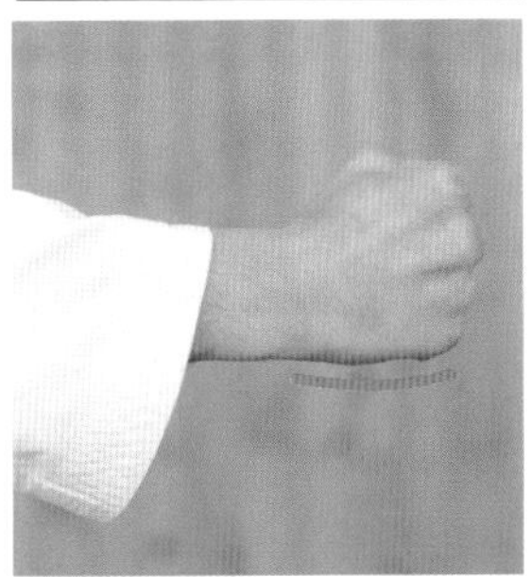

手のひらを正拳の形に握り締めた形で、小指側の側面を使い攻撃する。裏拳と同じくヒジのスナップの使い方が大切で、ヒジを伸縮させるスピードが打撃の威力に影響する。拳槌のほかに鉄槌などとも呼ばれる。

武器　裏拳

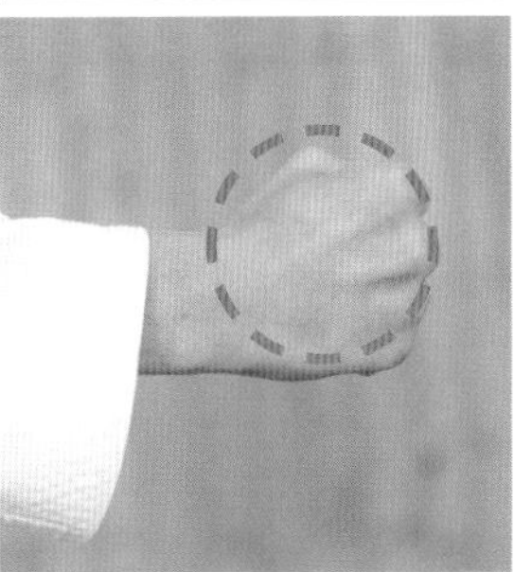

指の付け根を中心とした手の甲で攻撃する打撃。主に、顔面や脇腹への攻撃に使われる。技としての名前は裏拳だが、この技を繰り出す場合は、ヒジの動きが特に重要となる。ヒジのスナップを活かすと破壊力も大きい。

武器　中高一本拳

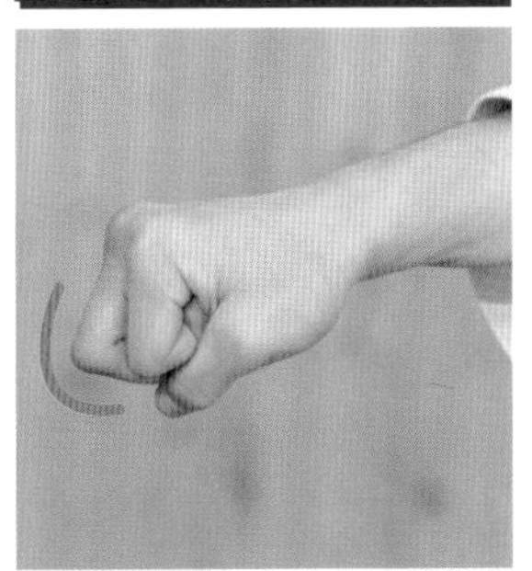

正拳と同じように握り込み、中指だけやや浅めに曲げ関節部分を突き出す。突き出した中指は、両脇の人差し指と薬指で挟みつけ、しっかりと固定する。一本拳と同じように、ごく狭い範囲を攻撃する場合に使う。

武器　一本拳

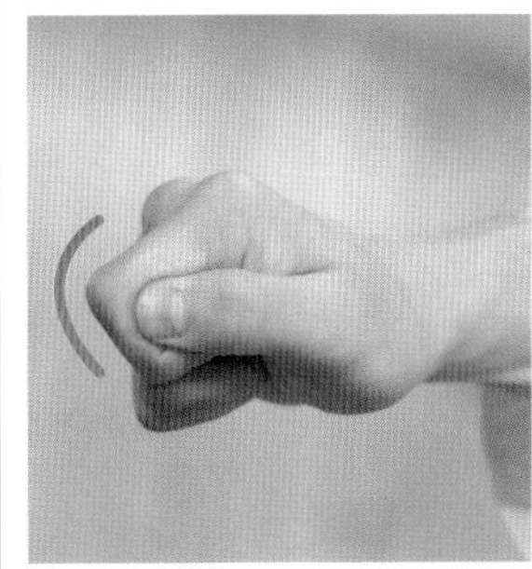

正拳を握り込む形から、人差し指の関節を突き出し、その側面を親指で支える。関節部分で相手の眉間や肋間部分など、ごく狭い範囲を攻撃する場合に用いられる。中指、薬指、小指を深く握り込むのがポイントだ。

武器　手刀

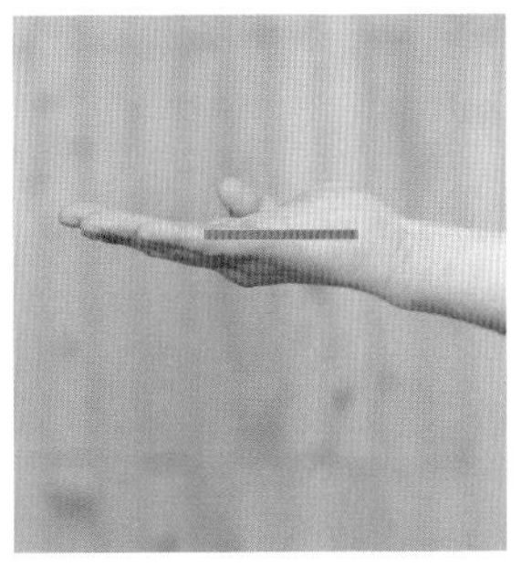

人差し指から小指までの４本の指の指先に力を入れて伸ばし、親指は手のひらの中に折りたたむ。小指側の側面を刀のように使って攻撃する。手首と指先を伸ばし、しっかりと固定することで、力強い手刀を打ち込むことができる。

武器　平拳

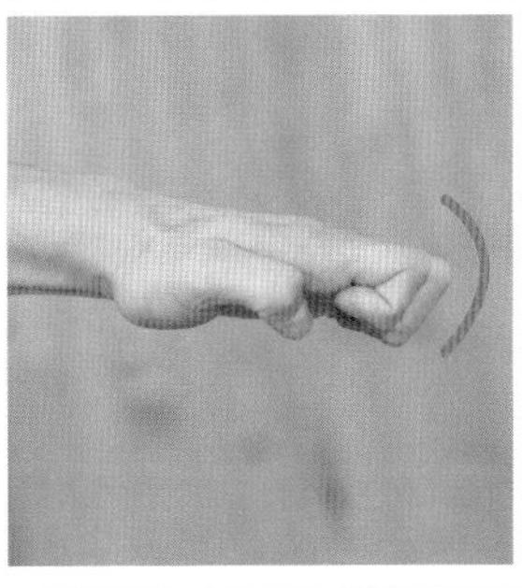

親指以外の４本の指を握り込まず、指の第二関節で攻撃する。これも一本拳や中高一本拳と同じように、人中（鼻と唇の間）や肋間など指一本分ほどしかないような狭い範囲を攻撃する場合に使われる。

武器　背手

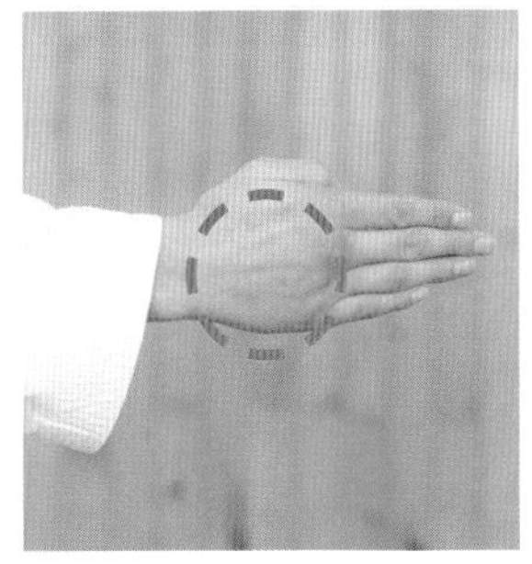

手刀や背刀と同じ手の形にし、手の甲全体で攻撃する。主に、受けとして使う場合が多いが、打撃技の一つとしても使うことができる。ヒジを中心にして、スピードとスナップを活かして打つと、相手に与える効果も大きい。

武器　背刀

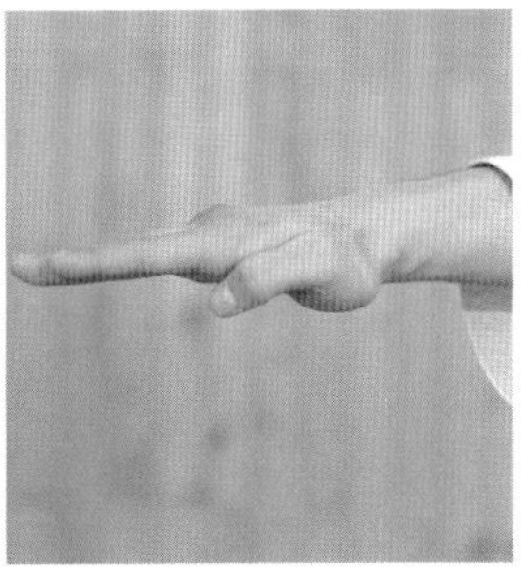

手刀の反対側、つまり、親指側の側面を武器として攻撃する。手の形は手刀と同じように、４本の指先をしっかりと伸ばし、親指を手のひらの中に曲げる。指先と手首をキチンと固定することで、破壊力が大きくなる。

武器 底掌（ていしょう）

手のひらの底の部分。この部位は、手のひらの中でもっとも硬く、主に受けに使われるが、相手のアゴなどを狙うと非常に強力な攻撃方法の一つとなる。手首を曲げ、押し出すように力を入れるのがポイントだ。

武器 貫手（ぬきて）

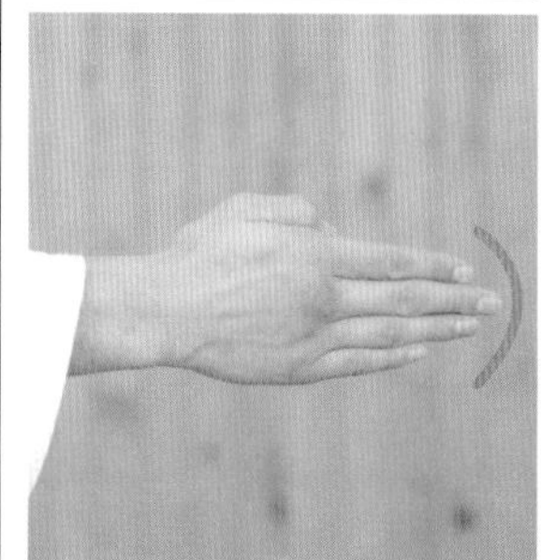

手刀や背刀と同じ手の形か、指先をやや曲げてそろえる。指の先端部分を武器とし、手のひらを縦や横にして、相手の水月（ミゾオチ）や人中を突く。手の形が似ていることから手刀受の連続技として使われることが多い。

武器 熊手（くまで）

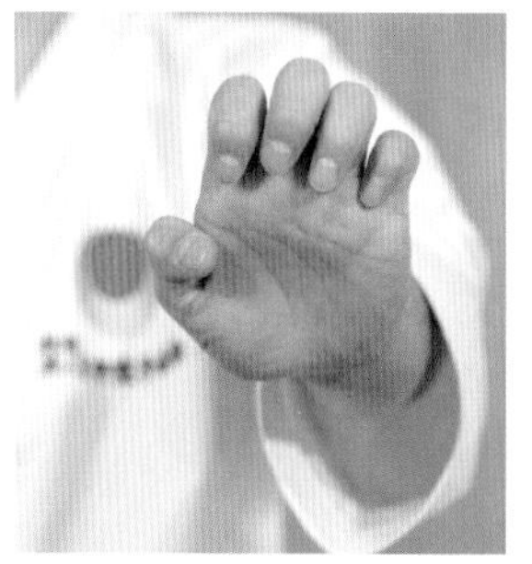

指を第二関節で曲げ、指先を指の付け根部分につけた形。手のひらを大きく開くようにして手のひら全体を使用する。前や横への攻撃に効果があり、特に、曲げた指で目を突くなど、顔面への攻撃は強力な武器だ。

武器 青龍刀

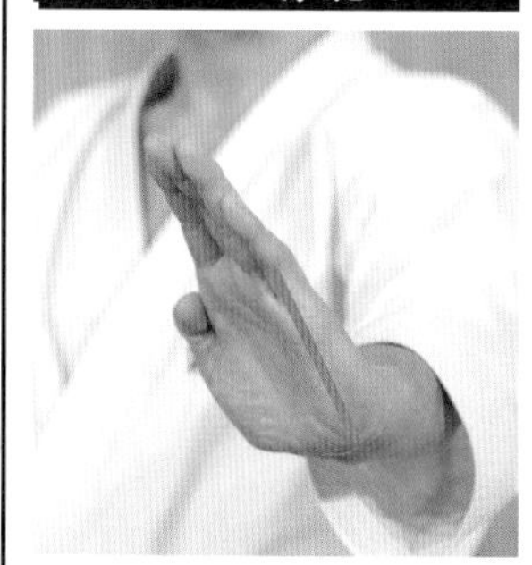

小指側側面の底部を使用する。手刀と同じように手のひらを開き、4本の指先を揃えた形で手首を曲げ、力を込める。相手の顔面や鎖骨、また攻撃してきた突き手（腕）に攻撃する場合に非常に大きな効果をもつ。

武器 鶏頭（けいとう）

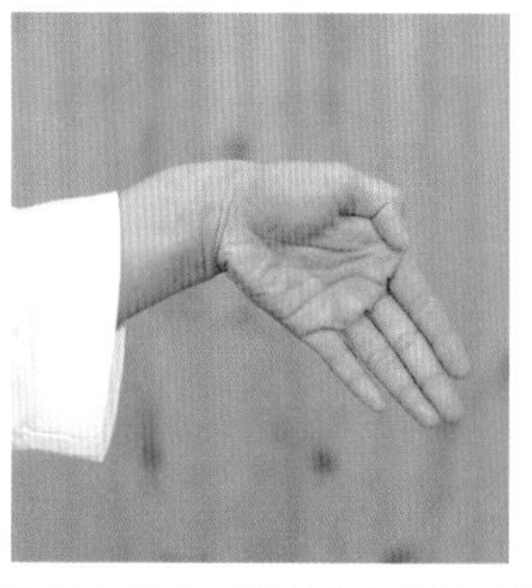

指をそろえて、手首を横に折り曲げ、親指の付け根部分を突き出すようにして使用する。相手の突き手や脇の下などを打つ際に効果の高い攻撃方法だ。鶴頭と同様に、手首のスナップを活かせるかどうかがポイントだ。

武器 鶴頭（かくとう）

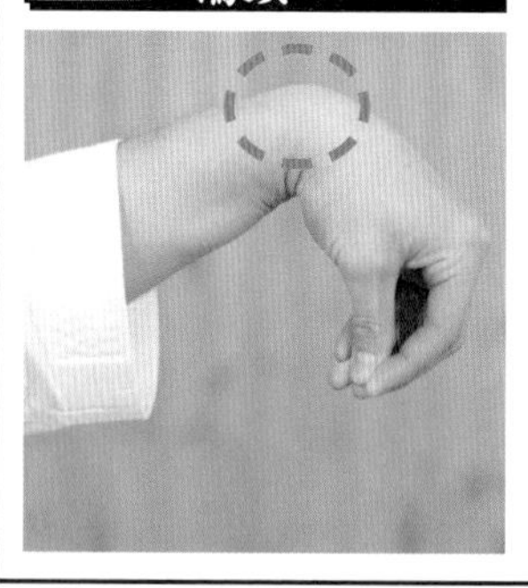

鶴頭は、手首を深く曲げ、5本の指をつけて、まるで鶴の頭部のような形をとる。使用する部位は、手首の背面側で、相手の突き手や脇の下などを打つ。打つ際は、手首のスナップをきかせることで攻撃の効果が高まる。

武器 猿臂

ヒジを折りたたみ、ヒジの先端部分を使って攻撃する。相手の顔面や後頭部、また水月や脇腹など、あらゆる部分に大きな打撃を与えることができる。また間合いが短いため接近戦でより大きな効果を生み出す。

武器 鷲手（わしで）

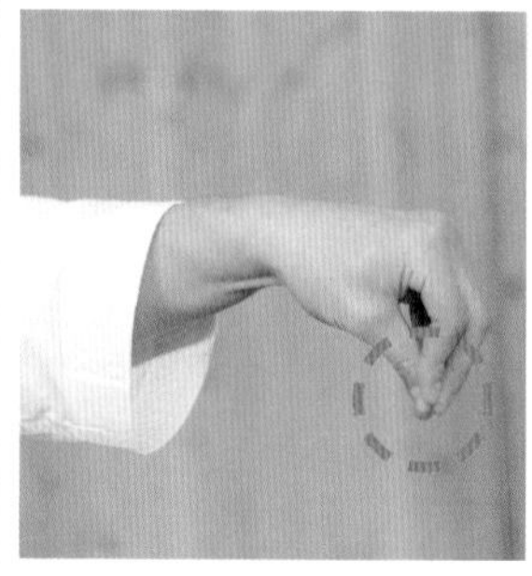

5本の指先を、まるで鳥のクチバシのように束（たば）ねた形。攻撃に使用する部位は、指先の部分。相手の喉元や体の側面を狙う場合に効果のある攻撃方法だ。束ねる指先にしっかりと力を込めることで威力を高めることができる。

受け技を極めてあらゆる攻撃を無効にする

道着を着る前に

空手のいろいろな技 受けの種類

様々な受け技のバリエーション

受け技には、相手の攻撃を押さえ込む力強い受けや、攻撃の軌道を変え、体の外側へ流す受け、また、単に相手の攻撃を受けるというものではなく、攻撃の一つとして使用できるものなど様々なバリエーションがある。

ただし、すべてに共通する考えは、受けるだけでなくその後の反撃も意識すること。受け技は、あくまでも自分の体勢を優位にもっていくために使用する意識が重要だ。

上段揚受（じょうだんあげうけ）

相手からの顔面への攻撃を上へ跳ね上げる受け

中段内受（ちゅうだんうちうけ）

中段への攻撃を、体の内側から外側へ跳ね返す

中段外受（ちゅうだんそとうけ）

中段への攻撃を、体の外側から内側へ跳ね返す

下段払（げだんばらい）

下段への攻撃を、腕を振り下ろして跳ね返す

手刀受（しゅとううけ）

手の外側（手刀）で、刀で斬るように跳ね返す

受け 諸手受

受け手の内側に反対の手をそえる形。相手の攻撃の破壊力が大きい場合などに使用する。ただし、この諸手受は、そえた手（写真では右手）で裏拳などを打ち込むための受けでもある。

受け 十字受・交叉受

十字受

交叉受

交叉受

両手を手首の部分で交叉させて、その間で相手の攻撃を受ける。相手の攻撃の勢いを完全にシャットダウンする力強い受けだ。

受け 掌流受

顔面に向かって突いてきた相手の攻撃を、横に流すようにして受ける受け技。受ける際は、力まかせに受けるのではなく、相手の攻撃のコースを体を横に反らし、力を逃がすようにすることが重要だ。

道着を着る前に

空手のいろいろな技 足技の種類

空手には豊富な足技のバリエーションがある

足を使う蹴り技は空手道特有の攻撃方法だ

大きな破壊力をともなう足技は、他の武道にはない空手道特有の技だ。空手には、手技と同じように、足首、ヒザの使い方、また体全体の動かし方によって多彩な攻撃方法がある。それらを状況により使い分けることによって、攻撃に無限の幅が広がるのだ。ただし、動作の大きい足技は、破壊力が大きい反面、隙も生まれやすくなるので注意が必要だ。

前蹴(まえげり)

正面の相手に向かって、真っ直ぐ蹴り出す

廻蹴(まわしげり)

相手の側面に、回り込むように蹴りつける

横蹴込(よこけこみ)

高く上げた足を、相手に一直線に蹴り込む

横蹴上(よこけあげ)

足をムチのようにしならせて蹴り上げる

足技　三日月蹴

蹴り足の軌道が三日月のような形となるためこう呼ばれる。他の蹴り技とは違い、ヒザを抱え込む必要がなく、目標に向かって直接蹴り出す。蹴り技としてだけでなく、足底で相手の攻撃を受ける受け技の一つとしても使う。

足技　逆廻蹴

体の内側から外側へと足を回す蹴り技で、廻蹴とは動き方が反対となる。相手の水月（ミゾオチ）や脇腹などの側面を狙う場合に使用する。体のバランスを崩しやすいため、使用する際は、特に状況判断が重要だ。

足技 膝槌（しっつい）

ヒジと同じく至近距離からの攻撃や、また相手をつかんで引き込んだ際に使用する。ヒザの関節も非常に硬いため、力がない者でも非常に破壊力が大きく、膝頭で脇腹や下腹部を攻撃すると特に効果が高い攻撃方法だ。

足技 後蹴

体の後ろ側にいる相手に対して、体の向きを変えずに蹴り出す。後ろの相手に対して、意表をつく攻撃方法として使われる。蹴り込む部位は、足のかかとを使用し、その際、ヒザの屈伸を活かすと非常に効果が大きい。

武器 足刀

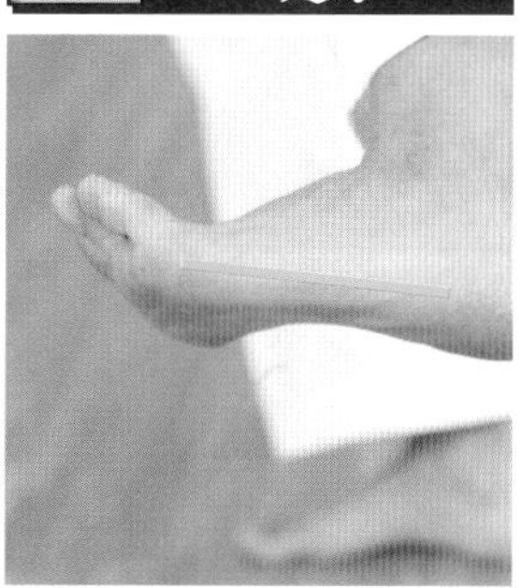

足刀は、手刀と同じように、小指側の側面で攻撃する。主に足を横に蹴り込む場合などに使用される。虎趾と同様、蹴り技では頻繁に登場する部位の一つで、水月や脇腹を狙うと効果も高い。

武器 虎趾（こし）

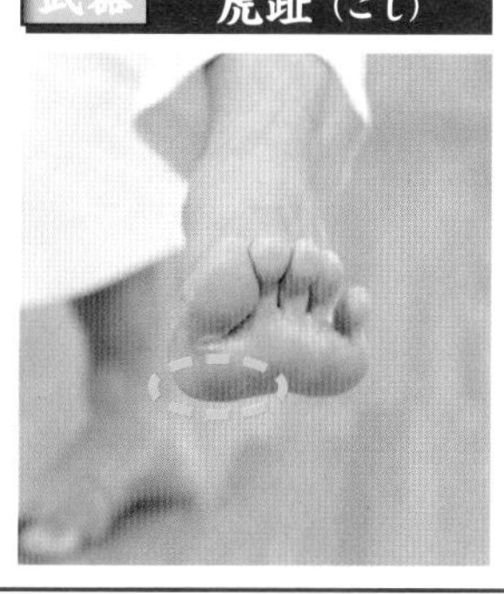

上足底とも呼ばれる。指の付け根の裏側を使用する。空手の蹴り技の多くはこの部分を使うが、つま先をそらし、足首をしっかり固定することで、足に力を込めることができ、その破壊力は予想以上の効果を生み出す。

武器 背足

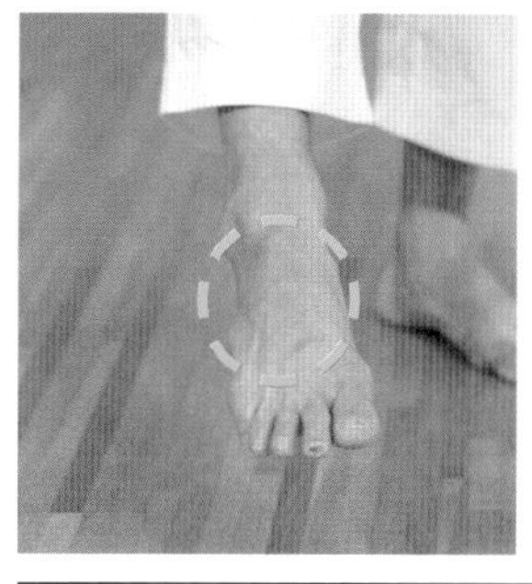

背足は、つま先を伸ばし、指の付け根部分を中心とした足の甲を用いて攻撃する方法。足先だけでなく、足全体をムチのようにして使うと非常に効果的な攻撃となる。相手の下腹部に蹴り込む場合などに使用される。

武器 踵（かかと）

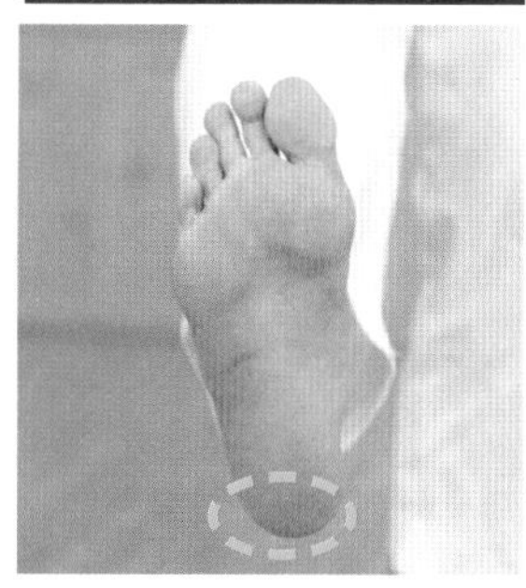

円踵（えんしょう）とも呼ばれる。かかとは足の裏の中でもっとも硬い部位で、攻撃に使用すると非常に大きな破壊力をともなう。また、体の横方向や後ろ側への攻撃（後蹴）などに使用されることが多く、効果的な攻撃方法の一つだ。

武器 膝槌

主に、膝蹴などで使われるもっとも硬い部位。ヒザを折りたたむことで、相手との間合いは狭くなるが、その分、接近戦では、狭い空間でも自由に使え、もっとも効果的な攻撃の一つとなる。

武器 爪先

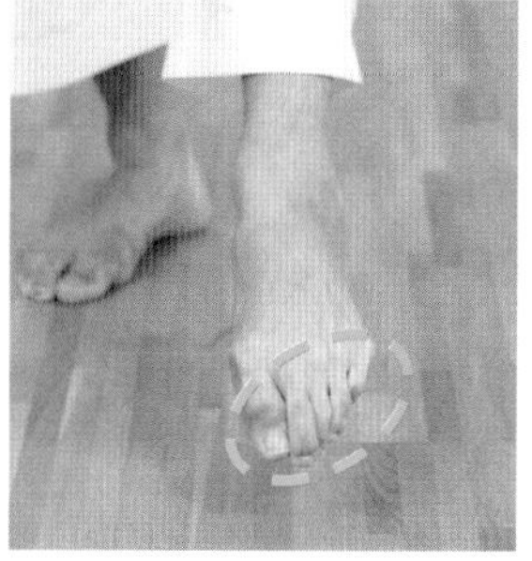

５本の指先をそろえ、そのつま先で蹴り込む。つま先を使う場合は、しっかりと力を込めて指先を固定することが重要だ。初心者では、突き指などのケガの原因ともなるので、まず充分に足の鍛錬を行ってから使用しよう。

道着を着る前に

空手のいろいろな立ち方

立ち方を変えて技の効果を高める

技を極めるにはしっかりとした土台が不可欠

立ち方は、体のバランスを維持するために必要不可欠なもので、下半身をしっかりと安定させることが、技の破壊力やスピードに大きく影響する。また立ち方には、前後に強い立ち方、横方向に効果のある立ち方、また、移動の際に必要な立ち方と、それぞれの技に応じたやり方がある。技の土台となるだけに、理にかなった立ち方をキチンとマスターすることが上達への近道だ。

自然体（しぜんたい）

手足の力を抜き、リラックスした状態で立つ

閉足立（へいそくだち）

自然体から足を閉じた状態にした形の立ち方

後屈立（こうくつだち）

後ろに下げた軸足に重心を置いた立ち方

前屈立（ぜんくつだち）

前に出した軸足に重心を置いた立ち方

立ち　不動立（ふどうだち）

前屈立と騎馬立を合わせたような立ち方で、足の向きを変えればそのまま騎馬立となる。その他の立ち方の中でも、ひときわどっしりとした構えで、相手の攻撃を受け止めてしまうような場合に、効果の高い立ち方だ。

立ち　騎馬立（きばだち）

両足を左右に開き、その真ん中に重心を落とす。横方向に強い立ち方で、この立ち方で行う技は、横への技が主となる。初心者にはやや苦しい立ち方だが、しっかりと足腰を鍛え安定した立ち方をマスターしよう。

立ち方 猫足立(ねこあしだち)

後屈立の前足をより後ろ足に引き付けて前足のかかとを上げる。ヒザで下腹部を防御する姿勢だ。この立ち方は、まるで猫のように軽やかに動くことができるため、受けから攻撃への切り替えがスムーズに行える。

立ち方 四股立(しこだち)

騎馬立に似ている立ち方だが、騎馬立よりもつま先が外側を向き、重心もより深く落ちる。移動にはあまり向かない立ち方で、むしろ相手の動きに惑わされず、どっしりと構えて攻撃をすべて受けきるような場合に使う。

立ち方 半月立(はんげつだち)

歩幅や足の着き方は前屈立に似ているが、ヒザの絞り込みは三戦立に近い。前屈立の安定感と三戦立の機動性を兼ね備えた立ち方。攻撃、防御ともに使われるが、どちらかといえば受けの際に使われることが多い。

立ち方 三戦立(さんちんだち)

両足を開いた形で、片方の足を一足長分だけ前に出し、両ヒザは内側に絞り込む。見た目は特に力強さを感じないが、予想以上に安定した立ち方で、受けに強い立ち方の一つ。また前後左右への方向転換もスムーズに行える。

立ち方 交叉立(こうさだち)

交叉立は、その名の通り、足を交叉させた立ち方だ。ただし、立ち方というよりも、どちらかといえば、移動の際の中間動作に近く、この立ち方から前後左右へ足を出すことで、重心移動や方向転換をすることができる。

立ち方 レの字立

足の形をカタカナの"レ"のように構えることからこう呼ばれる。後屈立に近い立ち方だが、後屈立に比べると足の開きがやや狭く、また重心も高い。体をやや横に向けることで正面から見て面積を小さくすることができる。

人体急所図

「一撃必殺」ゆえ、空手の技は急所を狙うのが基本。ここでは、本書でも登場する人体の各急所をご紹介します。相手の急所ということは、自分にとっても急所。自分が守るべき場所を知ることも重要です。

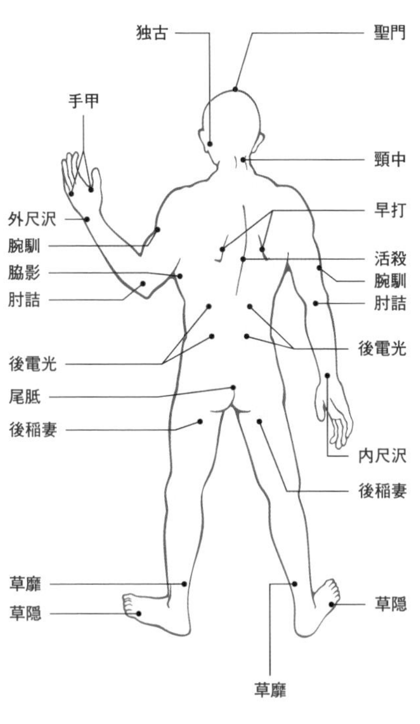

背面

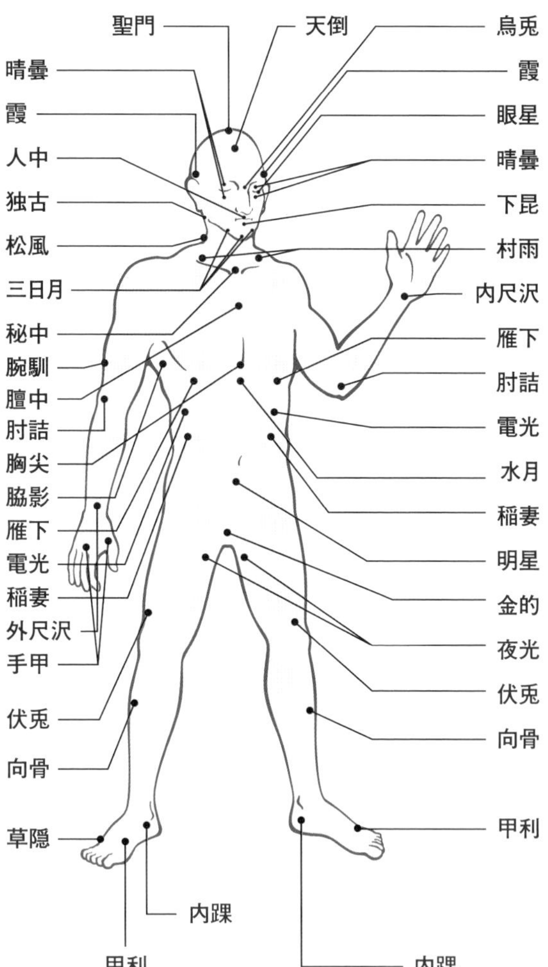

前面

LEVEL.1
レベル1

立ち方・基本動作
技のコース

基本動作と正しい技の軌道を学ぶ

レベル1でやるべきこと

空手のすべての動きに対応する究極の構えが自然体だ

自然に立ってみる

ここでいう自然に立つという意味は、体に無駄な力を入れずリラックスするということだ。こうすることで、前後左右への移動、手技・足技など、技の動作すべての動きに対応することができる。

P24へ

基本動作こそ、空手道の極意！受け技の防御動作と突きや蹴りの攻撃動作

基本動作が重要！

空手を学んでいく上で、もっとも時間をかけて習得していくことになるのが基本動作だ。基本動作には、大きく分けて、自分の身を守る防御動作と攻撃することで相手の動きを押さえ込む攻撃動作がある。そして、それぞれの動きを技にしたのが、防御動作ならば受け技で、攻撃動作は突き技や蹴り技などだ。

レベル1では、それぞれの基本動作のさらに基本となる技を取り上げている。それらの技から突きや蹴り、また受け技のもっとも大切なポイントを学んでいこう。

技の正しいコースとは
技の威力を最大限に高めることができる軌道

正しいコースで技を出してみよう

技の一つ一つには、必ずその技の目的がある。その目的に合わせた使い方を知ることが大事なポイントだ。そのため、技を覚える上で、もっとも大切なことは、正確な技のコースを、まずはしっかりと体に覚え込ませることだ。

突きや蹴りなどの攻撃動作のコースは、自分の体の中心を狙う。これは相手と向き合った時に、相手の急所を攻撃するという意味がある。逆に受け技は、急所を守るために、自分の中心を守るコースとなる。

蹴り P38へ

前蹴の正しいコースは、体の中心線上の急所を狙うこと。

突き P26へ

直突の正しいコースは、相手の水月（ミゾオチ）に向けて真っ直ぐに突き出すことだ。

受け

中段外受は水月にきた攻撃を外側から受ける技

上段揚受は顔にきた攻撃を頭の上に跳ね上げる

相手の手足を切り落とすような勢いで打ちつける手刀受

下段（下腹部や足）を狙う攻撃に対処する下段払

中段内受は中段（胸や水月など）の攻撃を外側に弾く

P28〜

基本の動作で技の目的を考える

レベル1では、空手におけるもっとも基本的な立ち方・手技・足技を学んでいこう。ここで取り上げるポイントは、これから空手を習っていく上で、あらゆる技の土台となる重要な要素だ。基本だからこそ、しっかりと習得することが、上達のコツとなる。

このレベル1でもっとも気をつけなければならないポイントは、技の基本動作と正しい軌道だ。技の基本動作とは、"立ち方"や"構え"を含めて、体全体をどのように使っているかという点。また、正しい軌道とは、技を出す際の拳やヒジ、ヒザや足先が、どういうコースを通っているのかを特に注意するということだ。体が前後左右のいずれかに傾いたり、手や足の軌道が正しくない場合は、技のスピードや威力が半減する。そのため、まずは基本の動作と軌道に気をつけて、技を覚えよう。

基本の立ち方でバランス感覚と正しい姿勢を学ぶ

自然体は次の動作への準備と考える

「自然体」は、体の力を抜きリラックスして立つ立ち方だ。足を肩幅ほどに開き、つま先をやや外側に広げる。一見、無造作な形に見えるが、これは次の動作に移るための準備姿勢。前後左右のバランスを崩していると、動作の切り替えがスムーズにできなくなるので気をつけよう。

自然体

頭・視線
視線は真っ直ぐ前を向き、頭が斜めに傾かないよう気をつける

肩
肩に力が入ると、技を出す動きが鈍くなる。力を抜くことを心がける

上半身
体の中心線が床に対して垂直になるように、左右のバランスを保つ

足
肩幅ほどに開き、つま先を「八」の形になるようやや開く

背筋
背筋を伸ばす。横から見ても、床に垂直になるように

足
かかとだけに重心がかからないよう、足の裏全体で体重を支える

頭・視線

真っ直ぐ前を向き、頭を前後左右に傾けない

上半身

自然体同様、力を抜いて垂直に立つ。バランスをとるために腕を広げて立つこともある

Pick up

基本の立ち方で技の技術練習

閉足立は前蹴や横蹴など、蹴り技の技術練習に欠かせない。立ち方がしっかりしていないと技の上達も遅くなるので、まずは立ち方をキチンと覚えよう。

閉足立（へいそくだち）

足技の土台となる安定感のある立ち方

「閉足立」は、かかととつま先を閉じるため、バランスを保とうとして太ももに力が入りがちになる。しかし、「自然体」と同様、力を抜きリラックスして立つことが大切だ。足技など、他の技を習得する上で閉足立は大変重要なので、しっかりとバランス感覚を養うことが重要だ。

上半身

前後に傾くとバランスを崩しやすくなる。アゴを引く感覚が大切

下半身

足を閉じて立つため、太ももの内側にやや力が入るが、必要以上に入れない

足

かかとだけに重心がかからないよう、足の裏全体で体重を支える

突き手（写真では右手）を腰に構える

ヒジで脇腹を擦るように脇を締める

拳を最短距離（一直線）に突き出す

手首をひねりながら相手の水月(ミゾオチ)を狙う

Pick up
正しい形でケガの予防

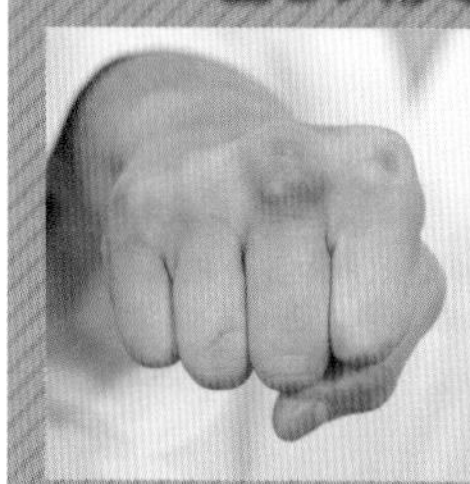

拳が上下左右いずれかに傾くと、突いた瞬間に力が逃げてしまい効果的な突きにならない。また手首の捻挫にもつながるため、目標に向かって腕と手首を真っ直ぐに突く。

Point

手の甲は、腕のラインに対して、延長線上に真っ直ぐ伸ばす。指先は、手の甲と指が90度に曲がるようしっかりと握り、正拳で目標を突く。

極めのある突きが空手道の基本

LEVEL. 1
立ち方・基本動作・技のコース

直突（ちょくづき）

横

1 引き手（写真では左手）を水月の前に構える

2 ヒジが脇を離れたところから拳を回転させはじめる

3 引き手も突き手と同様、真っ直ぐに引き寄せる

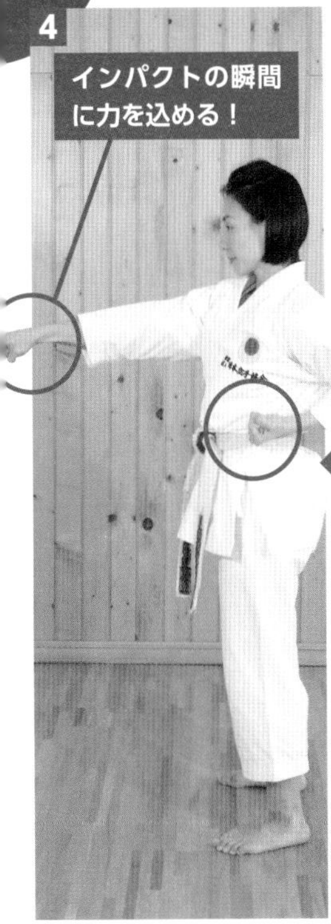

4 インパクトの瞬間に力を込める！

手首が曲がる
忘れがちだが引き手の形も重要だ。手首が曲がっていると次の動作が正しく出ない。

脇が開く
脇が開いてしまうと突きの軌道が直線軌道からずれてしまう。これではスピードの遅い突きとなる。

肩が流れる
肩が前に流れると、極めの力が半減する。

腰を中心にして体全体で突き出す

「直突」は、すべての手技に通じる空手道の基本である。力強くすばやい突きを出すには、突きの軌道と体の使い方がもっとも重要だ。軌道は、腰に構えた拳を相手の体の中心線（正中線）に向かって真っ直ぐに突き出す。その際、上半身、突きの腕、拳、また引き手を含めた体全体を連動させなければ力強い突きとはならない。

初心者は、すばやく突こうとするあまり腕だけを動かそうとしがちだが、これでは脇があき、突きの軌道が曲がってしまうため、かえってスピードと威力が鈍る。

「直突」は、後ろの項目で登場する「順突（おいづき）」「逆突」など、突き技としてのバリエーションも幅広い。組手では、もっとも効果的な攻撃の一つとなるため、左右どちらでも瞬時に繰り出せるよう、しっかりとマスターしておこう。

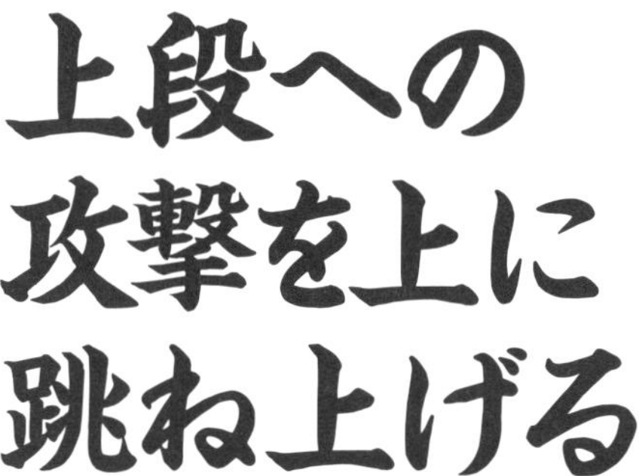

前

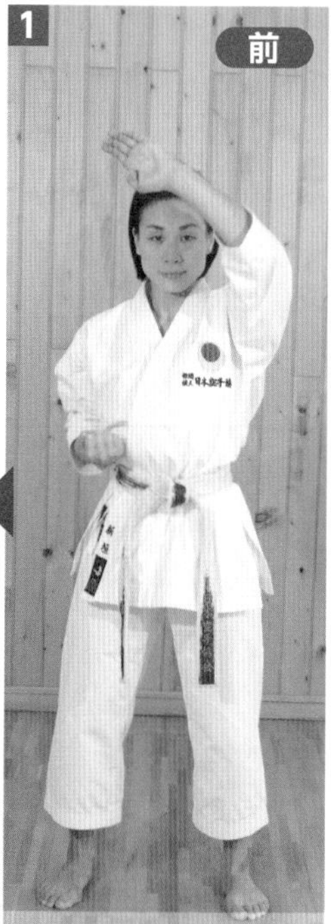

1 左手は額の前に、右手は右腰に構える

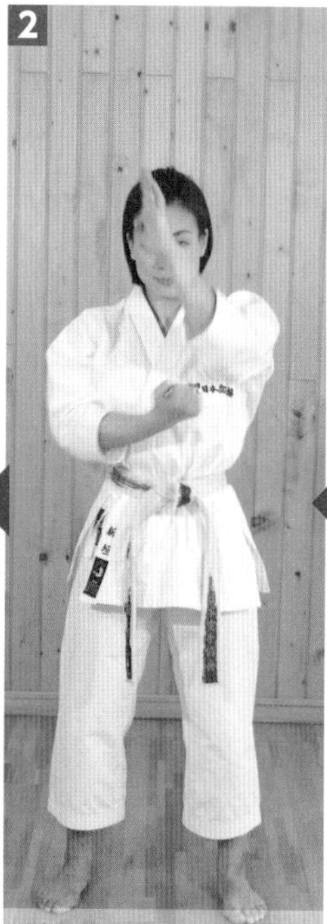

2 引き手は顔の前を通して腰まで運ぶ

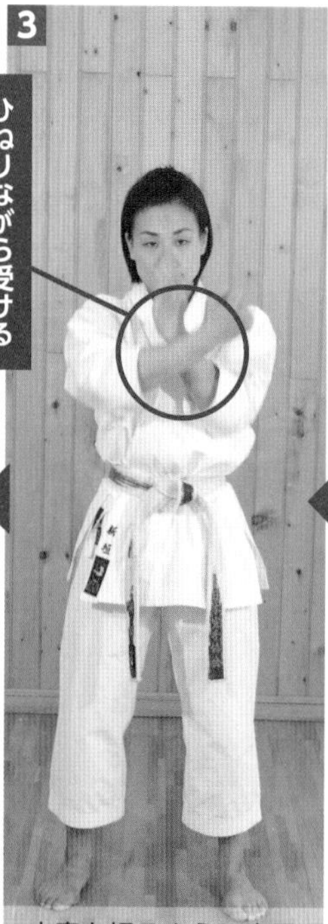

3 十字を切るように交叉する

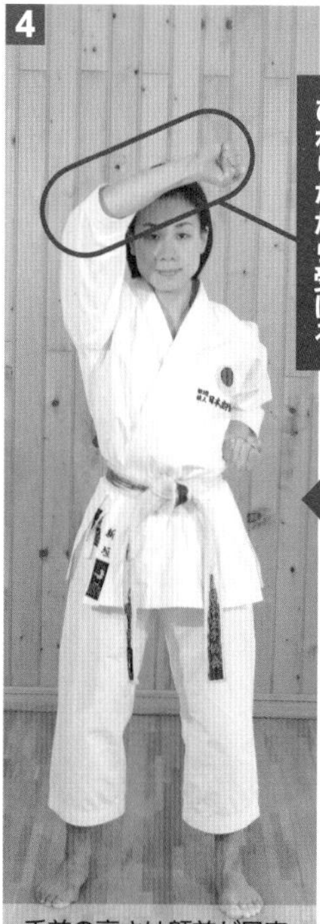

ひねりながら受ける

4 手首の高さは額前が目安

Point

ヒジはほぼ直角に曲げ、拳をしっかりと握る。この形がもっとも力を入れやすく、衝撃にも強い。

Point

手首で受ける揚受といった受けは、相手の手首に自分の手首をぶつけるようにして跳ね返す。ゆえに、もっとも力が入る形で受けることが重要なのだ。

左手は額から拳を一つ分あけたところに構える

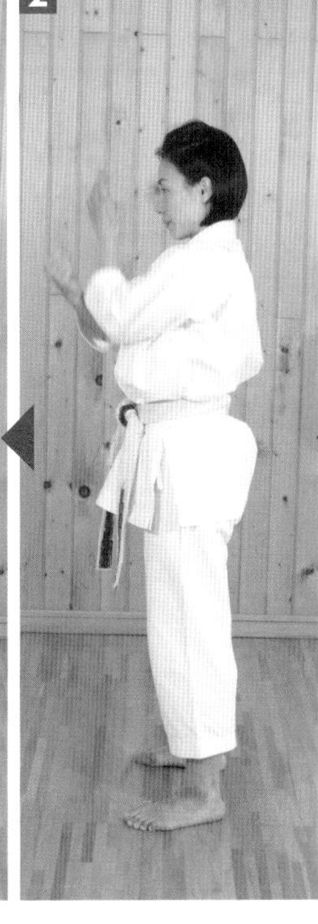

受けの位置が遠い

受けの位置が近い

ヒジの角度が広すぎて体から遠いところで受けたり、逆にヒジをたたみすぎて体に近いところで受けると、相手の攻撃の勢いに負けてしまう。

腕が下がる

これでは、相手の攻撃を流すことができていないため、体に当ってしまう。受けは体の外側に流すことが重要だ。

上に押し上げて攻撃の軌道を変える

人間の顔面には数多くの急所があり、空手の攻撃とは、その急所を狙って技を繰り出すことになる。そうした顔面への攻撃を防ぐのが「上段揚受」だ。この技は、相手の突きや蹴りの軌道を自分の頭の上に跳ね上げる受け技だ。

「上段揚受」の軌道は、自然体から、引き手を目標位置に構える(写真1)。引き手を腰まですばやく引きながら、受ける手を引き手の外側を通して額の前まで真っ直ぐに上げる(写真2~4)。この時、前腕を内側から外側にひねり、手首の小指側で相手の攻撃を受けることが大切だ。

ただし、動き始めから腕に力が入りすぎていると、腕のスピードが鈍り、タイミングが遅れてしまう。動き出しはリラックスし、受ける瞬間に拳をグッと強く握り締める感覚が大切だ。

LEVEL.1

立ち方・基本動作・技のコース

中段外受（ちゅうだんそとうけ）

攻撃の威力を併せもつ受け

拳を耳の高さほどに構え、引き手を水月（ミゾオチ）前に構える

ヒジを直角に曲げ外側から回すように

腕をひねりながら下ろす

手首で相手の攻撃を打ち、外に払う

Pick up

受けも攻撃の一つ

熟練者の中段外受は、蹴り技など力のこもった攻撃に対しても受け流すだけではなく、その威力で相手の戦意を奪うことも可能だ。

Point

脇が甘いと力が逃げてしまう。ヒジの角度を直角にし脇を締めることで、受けの腕に力強さを生みだす。

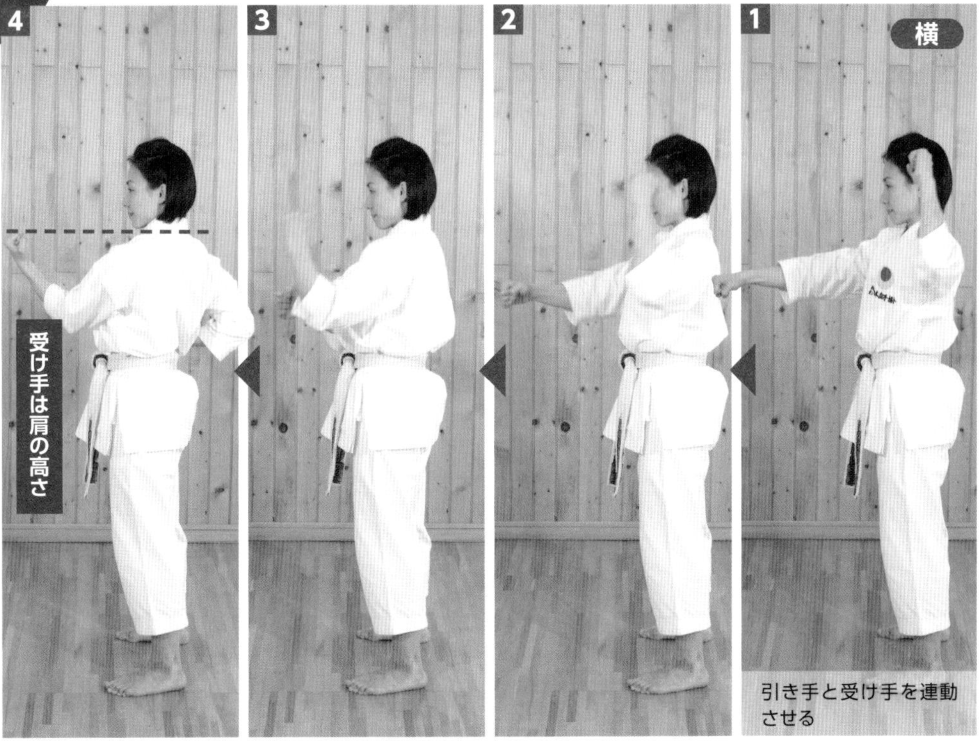

横

4 3 2 1

受け手は肩の高さ

引き手と受け手を連動させる

✕NG

手首が曲がる

手首が落ちているのは力が抜けている証拠。これでは攻撃の勢いに負けてしまう。極めの位置ではしっかりと拳に力を入れる。

✕NG

受けの位置が近い

上段揚受と同様に、ヒジが開きすぎたり逆に狭すぎると相手の攻撃を受けきれない。正しい角度はおよそ直角。

受けの位置が遠い ✕NG

外側から相手の攻撃を打ち払う

水月（ミゾオチ）や胸あたりにきた攻撃を体の外側から腕を回し、内側に流すのが「中段外受」である。その他の手技と同じように、下半身・腰・上半身・腕と、それぞれが連動して動くことで、強い受けになる。特に、受けの場合は形が不十分であったり、タイミングがずれると、相手の攻撃をまともに食らってしまうため、徹底的に練習する必要がある。

　受ける位置は、脇が締まった状態で拳がちょうど肩の高さにくる。拳の位置が低すぎたり高すぎても、相手の攻撃の軌道を捉えられなくなるので気をつけよう。

　「中段外受」は受け技の一つだが、その半面、相手が繰り出してきた手足を、手首で打ち返す“打ち技”としても活用できる。受け技でありながら攻撃の要素も兼ね備えた空手道独特の技だ。

LEVEL. 1
立ち方・基本動作・技のコース

中段内受（ちゅうだんうちうけ）

内側から外へ攻撃を流す受け

手の甲を上にして構える

ヒジを中心に引き手の外側を通す

Point

すべての技に共通するが、技を覚えるには動作の始まりの構えをしっかりとることが大切だ。

Pick up

技の上達は構えから

構えをあいまいにすると、受けのコースが変わり、技の効果が薄れる。そのためにも、中心となるヒジの位置に気をつけ、正しく構えることが大事だ。

左手は水月（ミゾオチ）の前に構える

受け手は肩の高さ

NG

受けすぎている

受けをどこまでも流してしまっては体の正面に大きな隙ができ、相手が続けて出してくる攻撃に対して、対処できなくなる。

NG

ヒジの角度に注意

ヒジの角度が悪いとまったく受けの形にならない。これでは動きも窮屈になり、受けてから反撃することもできなくなる。

ヒジを中心にして円を描くように

「中段内受」は、「中段外受」とは逆に、相手の攻撃を自分の体の内側から外側に向けて跳ね返す受け技だ。

「中段内受」も、その他の受けと同様、受けすぎると受けた後の姿勢に隙が生まれるためよくない。必要充分な位置で極めるように、しっかり練習しよう。

正しい受け手の軌道は、まず受け手を腰の位置に構え、脇とヒジを締めたまま、ヒジを中心にして拳で円を描くようにして、肩の高さにもってくる。こうすることで、スピードと威力を高めた効果的な受けができる。ただし、腕ばかりを意識しすぎると、全体の動きがぎこちなくなり、技の効果が薄れる。全身で受ける感覚を大切にしよう。

また、攻撃の威力に押し負けるようでは、受けの意味がない。相手の攻撃を強く弾くことが重要だ。

左手を下段の高さに構え、右手は左耳の横に

自分の体の線の外側に弾き出す

Point

「下段払」の受けの軌道は、始めの構えの段階で、前に出した引き手の腕の形とほぼ等しくなる。

Pick up

引き手をなぞる

引き手の上をそのままなぞるように受けを出すのが、もっとも直線的で最短距離の軌道となる。引き手の構えは、受けの軌道の目安と考えよう。

下段への攻撃を打ち払う

LEVEL. 1

立ち方・基本動作・技のコース

下段払（げだんばらい）

LEVEL.1 下段払

横

1 右手の甲は横に向ける

2

3 腕にひねりを加える

4 右手は手の甲が上向きで極まる

NG

受けが小さい

受けが小さいと相手の攻撃が当たってしまう。受けは自分の体のラインから外側に弾き出すのが基本。

NG

構えのヒジが高すぎる

受け手のヒジが高いと、受けの軌道が変わりスピードが遅くなる。また力が逃げて効果が薄れる。

ヒジを中心にして斜め下に打ち払う

「下段払」は、腹部や下半身を襲う蹴りや突き（いわゆる下段攻撃）に対処する代表的な受け技である。受けの軌道は耳の横に構えた拳を、ヒジを中心にして斜め下に打ち下ろす。そして、打ち下ろす際は、前腕部分にひねりを加えることが大切だ。

腹部への攻撃は、比較的、蹴り技が多くなるが、蹴り技は威力が大きいため、しっかりと押さえつけなければ簡単に弾き返されてしまう。相手の攻撃に対して力負けしないよう「下段払」は強く弾くようにして受けることが重要だ。

ただし、力まかせに腕を振り回したのでは、動きのスピードが鈍るだけで、効果的な受けにはならない。動きはスムーズにして、極める瞬間に腕と拳にグッと力を入れ込む感覚をしっかりと身につけよう。

横

1 右手の甲を横向きにして左耳横に構える

2

3 右手と左手を擦るようにして交叉

4 受け手は肩の高さに

手刀で受ける

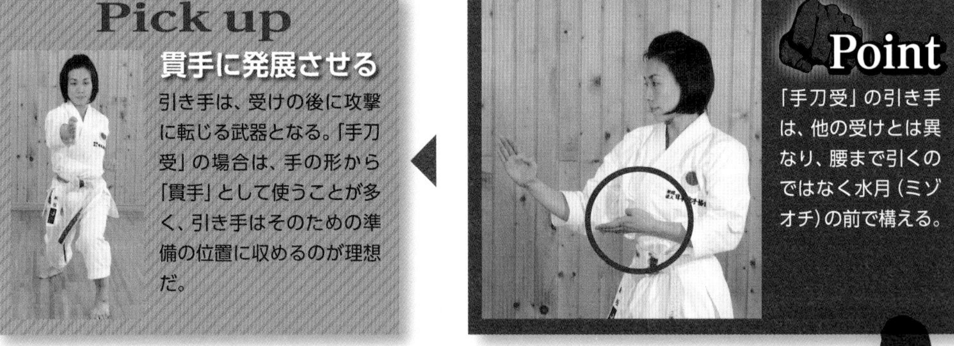

Pick up

貫手に発展させる

引き手は、受けの後に攻撃に転じる武器となる。「手刀受」の場合は、手の形から「貫手」として使うことが多く、引き手はそのための準備の位置に収めるのが理想だ。

Point

「手刀受」の引き手は、他の受けとは異なり、腰まで引くのではなく水月（ミゾオチ）の前で構える。

刀で斬り落とすような空手独特の受け技

LEVEL.1

立ち方・基本動作・技のコース

手刀受（しゅとううけ）

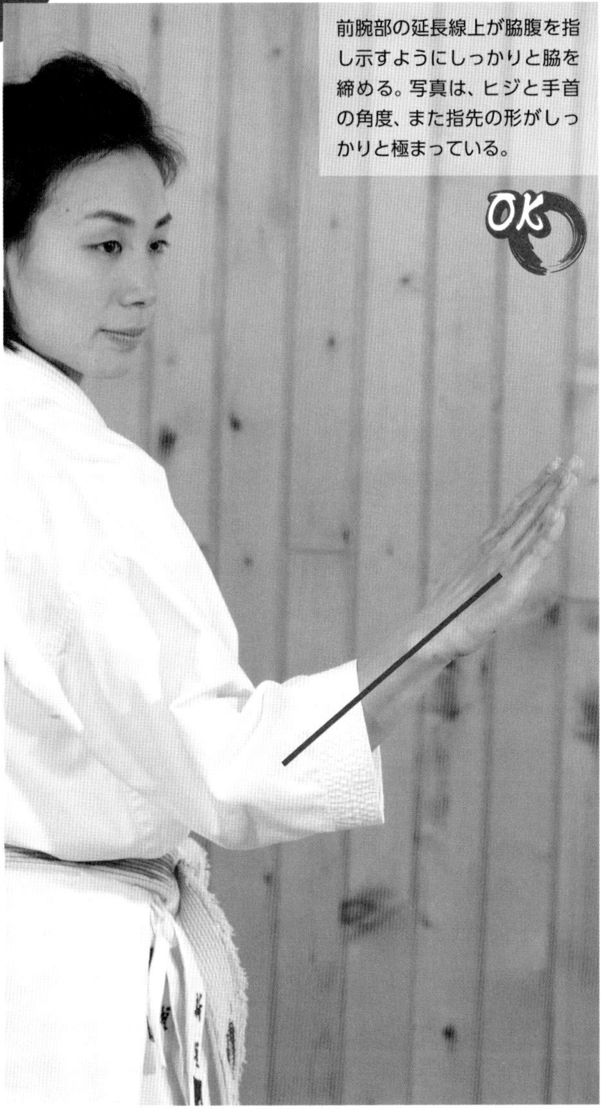

前腕部の延長線上が脇腹を指し示すようにしっかりと脇を締める。写真は、ヒジと手首の角度、また指先の形がしっかりと極まっている。

OK

手首が曲がる

これでは手のひらの側面部分に力が入らないばかりか、手刀を当てた際に手首をひねってケガをしてしまう危険性もある。左の写真のように、しっかりと手首を伸ばすことが大切だ。

×NG

指先が開く

初心者は、指先に注意が向かない場合が多い。この場合も手のひらに力が入らない。

相手の攻撃を斜めに斬り落とす

「手刀受」は、空手道の中でももっとも特徴的な形をした技の一つで、文字通り、手を刀のように構え、体の中段を襲う攻撃を斬り落とすように受ける受け技だ。

手刀の形は、攻撃としても活用の幅が広く、手刀から貫手（ぬきて）（p100参照）など、技のバリエーションや連続技として利用できる。

「手刀受」の軌道は、耳の横から胸の前を通り、両肩の延長線上近くで受ける。ヒジは、脇腹の前の拳ひと握りの位置に。技を練習する際は、顔を横に向け相手を見るような形で行うと感覚をつかみやすい。

他の受け技とは違い、攻撃を受ける部位は、手首ではなく、小指側の手のひらの側面。親指を曲げ、それ以外の4本の指をピンと伸ばすと、手のひらに力が入り、受けの威力が増す。

前蹴（まえげり）

シンプルかつ威力充分の蹴り技

蹴る部位は、指の付け根の裏側（虎趾）

ヒザを軽く曲げて構える

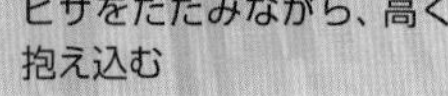
ヒザをたたみながら、高く抱え込む

Point

蹴り技の基本は、ヒザのスナップを活かすことにあるので、抱え込みの動きは特に注意が必要だ。

Pick up

ヒザのスナップで威力増大

ヒザをしっかりと抱え込むことで、武器となる虎趾がしっかりと太もも近くまでたたみ込まれ、相手との距離が伸びる。そうすることで技の威力が増大するのだ。

つま先は、常に真っ直ぐ前を向くように

蹴り出した後、すばやく足を引き戻す

最初の「閉足立」に戻り、逆足も練習する

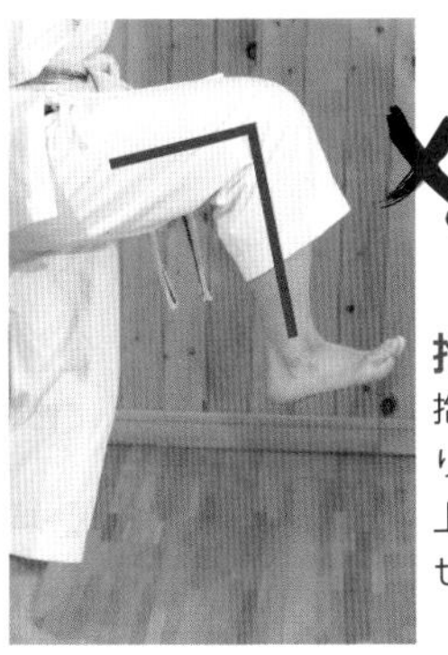

抱え込みが不充分

抱え込みが不充分だと、蹴りのスピードが遅くなる上、ヒザのスナップを活かせず蹴りの威力が落ちる。

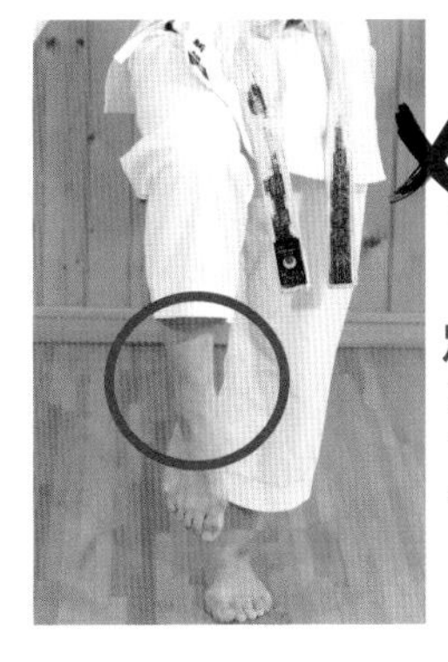

足首が伸びている

これでは、足先の力が逃げてしまう。さらにケガをしやすくなる。

ヒザを抱え込むのが蹴り技の基本の形

蹴り技は、突きよりも威力が大きく、腕に比べて長さも長いため、遠い間合いからでも攻撃を仕掛けることができる。その反面、動きが大きくなり隙ができやすいため、攻撃の際は、蹴り出した後にすばやく体勢を戻す必要がある。

その蹴り技の中でもっとも基本となるのが「前蹴」だ。動きとしては、蹴り技の中でもっともシンプルだが、その分、隙も小さくてすむ。

「前蹴」は、足をたたみ、ヒザを高く抱え込む動きから始まる。そこからヒザ下を伸ばすようにして蹴り出し、蹴った後は、引き足をすばやくとり、足を着地させる。

ヒザを伸ばしたまま蹴ろうとすると、スピードが鈍り、威力が落ちる。ヒザをたたんで抱えることがスピードを速めるコツだ。

ケガの予防と技の上達に欠かせない柔軟性と筋力アップ

空手のためのトレーニング①

Training. 1

ストレッチ

稽古の前後に行い全身をケアする

股関節（前後）

足を前後に開き股関節の柔軟性を高める。股関節を前後に開く蹴り技の可動域を広げる効果がある。他のストレッチにも共通するが、無理に伸ばすと逆効果になるので注意しよう。

腰周りとでん部

腰の使い方が技の威力を左右する空手では、腰の柔らかさが上達の決め手だ。写真のように片方のヒザを立てて足を組み、反対側のヒジで背中側に引きつけるようにして腰とお尻の筋肉を伸ばす。

手首と指

手首の筋肉は、前腕のひねり運動に欠かせない。この筋肉の柔軟性を高めることで、すばやいひねりが生まれる。また指の柔軟性は、つき指の防止にもなるので、手技の練習の前には必ず伸ばしておこう。

肩と背中

片方のヒジを伸ばし、反対の手で体に引きつけるようにして、肩と背中の筋肉を伸ばすストレッチ。腕を動かすための筋肉を柔らかくすることで、突きや受けの威力も高まる。

股関節と脇腹

足を大きく開き、体を真横に曲げるようにして股関節と体の側面を伸ばす。股関節の柔軟性は、ケガの予防の他に、蹴り技の可動域を広げる意味でも特に大切だ。

足の裏側

両方の足を交叉させて、顔とヒザをくっつけるように上半身を折り曲げる。このストレッチは、足の裏、特に、太ももやヒザの裏側を伸ばす効果が高く、太ももの肉離れなどを予防する。

肩甲骨周りと腕

手が頭の後ろに行くようにヒジを曲げ、反対の手でヒジを引きつける。このストレッチは突きの動作に不可欠な上腕三頭筋（いわゆる二の腕）や肩甲骨周りの筋肉を伸ばす効果がある。

ヒザの内側と背中

開いた足の片方にうつ伏せになり背中と腰、また内ももやヒザの内側の筋肉を伸ばす。ヒザはケガをしやすい部分の一つでもある。しっかりと伸ばしてケガを未然に防ごう。

アイソメトリクス

高い効果を生む静的トレーニング

二人一組となり、お互いが中段外受の姿勢で、相手の手首（受ける部位）を押し合う。腰や脇・腕の筋力を鍛える効果がある。以下のトレーニングにも共通するが、アイソメトリクスは、同じ姿勢をおよそ7秒間続ける必要がある。

腰と腕を鍛える

上と同じように、二人一組となり、一人が上段揚受の姿勢となり、もう一人は、受けの腕を上から押さえつける。アイソメトリクスは、必要な筋肉を効果的に鍛えることができるため、技の形でトレーニングすることが重要だ。

肩を鍛える

一人が突きを出す姿勢で、もう一人は、その手を押さえつける。このトレーニングでは、上半身を垂直に保ったり、腰を回す動作や、後ろ足を踏ん張る筋肉など、突きに必要な筋力を総合的に鍛えることができる。

突きの動作を鍛える

ゴムチューブ

ゴムを使い、技に必要な筋肉の強化

ゴムチューブの端を手に持ち、突きの動作を行うことで、突きのスピードと力強さを鍛えることができる。ただし、練習する時は、腕だけで突くのではなく、下半身の押し出しと腰の回転にも意識をもつことが大切だ。

突きを鍛える

写真のように、足首にゴムチューブの端を引っかけ、蹴りの動作を磨くトレーニング。蹴り足だけを意識すると、ゴムの力で軸足の安定性を欠くため、体全体の動きとバランスに注意しながら、トレーニングしよう。

蹴りを鍛える

このトレーニングでは、下半身の安定感と前に進む力を鍛えることができる。前に移動する場合や、前方に攻撃する場合は、後ろ足の足の裏全体で床を押し込み、その力を前方に伝える。そのため後ろ足の踏ん張りが特に重要だ。

安定感を鍛える

基礎体力を高め技の効果を生み出す

空手の稽古を始める前には、必ずストレッチをしてケガを予防することが大切だ。ストレッチには、関節の可動域を広げ運動能力を高める効果や、血流を促進し疲労を回復させる効果もある。稽古前だけではなく、稽古後にも、ストレッチを忘れずに行おう。また、ストレッチは呼吸を止めずに行おう。

そして、体を動かすための基礎体力を養うことも重要だ。ゴムチューブは、関節を伸縮させて筋肉を動かしながら鍛える方法。一方、アイソメトリクスは静的トレーニングともいわれ、関節を動かさずに（筋肉を伸縮させずに）筋力をアップさせるトレーニングだ。

筋肉は、技の力強さやスピードに直接影響する。実際に技を出す動きの中で、必要な筋肉を鍛えて、技のレベルアップにつなげよう。

空手の歴史1

沖縄で生まれた空手の原型

空手の原型が生まれたのは沖縄で、古くは琉球唐手と表記されていました。琉球唐手は「手（ティー）」と呼ばれる沖縄古来の武術と中国伝来の拳法が融合し発展したものといわれています。

沖縄古武術が実際の戦いの場に登場するようになったのは11世紀~12世紀で、当時の沖縄は南山王、北山王、中山王が覇を競い合ったことから「三山分立」と呼ばれる戦国時代でした。

この時代は約百年間にわたって中国との交流が途絶えたため、沖縄独自の様々な武器や戦闘方法が発達したと考えられています。

その後、1372年になって琉球と中国との交易が再開されたことから中国拳法が伝来し、それ以前に発達していた沖縄古武術と融合して琉球唐手の原型が形作られていきました。

そうして生まれた琉球唐手が大きく発展するきっかけとなったのが、尚真王（しょうしんおう）（1477年~1526年）の治世と1609年の薩摩による琉球侵攻です。

琉球の中央集権化を目指した尚真王は首里に武士階級を集中して住まわせ、刀狩りを行いました。

また、薩摩の琉球侵攻後は「禁武政策」が布（し）かれ、武器の所持、携帯を禁じられました。

刀や槍（やり）といった刃をもつ武器をもつことができない状況にあった沖縄では、自己防衛のために日常の生活用具や農具を武器として使う様々な研究や工夫がなされ、独自の武術が生まれました。

木製の棒やヌンチャク、トゥンファー、船の櫂（かい）であるウェークをはじめ、農具の鎌や、もとは仏具であったサイなどを使った武術が体系化され、それらの武術は今日まで伝えられています。

一方、自らの肉体そのものを武器として戦う琉球唐手も、この時期に徐々に武術として体系化され、発達した土地によって首里手、泊手（とまりて）、那覇手の3系統へと集約され、空手の原型が形作られました。

レベル2

LEVEL. 2

立ち方と手技・足技

レベル2で やるべきこと

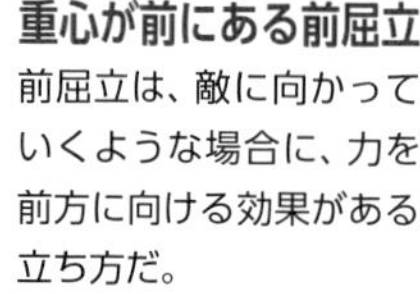

一歩進んだ立ち方へ

重心が後ろにある後屈立
後屈立は、重心を後ろにかけた立ち方。主に受け技と組み合わせることで威力を発揮する。

P47へ

重心が前にある前屈立
前屈立は、敵に向かっていくような場合に、力を前方に向ける効果がある立ち方だ。

P46へ

前屈立・後屈立をより効果的に使うために…

腰が重要！

腰を押し出す

技の威力を高めるには、安定した立ち方が必要だが、それだけでは、まだ不十分といえる。下半身の力を技に活かすには、下半身と上半身の連動性も大切だ。そして、その連動性を高めるためにカギとなるのが腰の使い方だ。前に力を向ける時は、上半身を垂直に保ち、腰を押し出すことで、技の効果を高めることができる。

腰を回転させる

腰の回転は、半身・正面、または正面・半身の動きに活かされる。この動作のポイントとして、一番重要なことは、上半身を垂直に保ったまま、腰と肩を床に対して水平に回すことだ。正しい回転ができれば、技の威力も数倍違ってくる。

P50へ

基本の技で 腰の使い方を学ぶ

腰を使って基本技を出してみよう

防ぎやすく反撃しやすい

腰を回転させると、相手の攻撃の軌道を変え、反撃の準備ができる。

半身姿勢での中段外受は、相手の攻撃を体の側面にずらす

P54へ

半身姿勢での上段揚受。相手の攻撃を上に跳ね上げる

P54へ

力強さを出す

腰の動きを使う最大の効果は、体全体の力を使い技の威力を高めることだ。これは空手のすべての技に共通している大切なポイントだ。腰を正しく使えないようでは、いくら技のコースが正しくても、その威力は半減する。

前屈立の前蹴は軸足の上に腰を移動するのがポイントだ

P58へ

順突と反対の手で直突を出す逆突。腰の回転がポイントだ

P52へ

前屈立と直突を組み合わせた順突は、腰の押し出しが技のポイントだ

P48へ

基本の受け技の中では、手刀受だけ、後屈立となる

P56へ

半身姿勢の下段払。受け手が前足のヒザの上に出る

P55へ

半身姿勢での中段内受。相手の攻撃を外に弾き出す

P55へ

後屈立での受けは、重心を後ろに構えることで間合いをとることができる

P56へ

刻突は、直突の一種で腰の回転を使う。やや遠い間合いで使うことができる

P52へ

間合いをとる

立ち方や腰の回転を基本の技に組み合わせると、体の中心線から肩までの長さが腕のリーチに加わるため、間合いも変化する。空手では、この間合いの変化を、技の目的に合わせて上手に活用することができれば、技の効果も高まる。

立ち方と腰の使い方で威力を高めた技に

レベル2では、レベル1で紹介した基本の技を「前屈立」「後屈立」という立ち方と組み合わせてみよう。立ち方を変えることによって、体の動かし方はやや複雑になる。そのため、このレベルに進むには、レベル1の内容をしっかりと習得していることが前提となる。

レベル2で特に気をつけるポイントは腰の使い方だ。「前屈立」や「後屈立」といった安定した立ち方で下半身の力を生み出し、それを上半身に伝えるのが腰の回転。この動きを滑らかに行うことが、技の威力を高めるのだ。また、同じ突きの動作でも、立ち方と腰の回転を組み合わせることで新しい技になる。つまり、腰を中心とした動作は、技の精度を高めるだけでなく、技のバリエーションを増やすことにもつながるので、しっかりと身につけていこう。

技の効果を高める立ち方

上半身
体を床に対して垂直にし、両手は腰の高さにそえる

腰
重心は、やや前足側（前6：後ろ4）に寄る

重心

6 ■■■■■■□□□□ 4

後ろ足
ヒザをしっかりと伸ばし、床を強く押す

頭・視線
視線を真っ直ぐ前に向けておく

上半身
自然体同様、肩や腕などは力を抜いてリラックスさせる

腰
腰の切断面は床に対して水平に

足
前から見ると、両足は肩幅ほどに開いている

つま先
つま先はやや内側を向く

バランスが悪い
前足のヒザが外に開いたり、後ろ足のつま先が横を向きすぎていると、左右への安定感を欠き、バランスを崩しやすい。

Point
前屈立の場合は、前に出した足のヒザが親指の付け根の上にくる。

✕NG

バランスが悪い

足が開きすぎたり、上体が前後に傾いていると、バランスを崩しやすいばかりか、次の動作に移る際、すばやく動くことができなくなる。

腰

重心は、前3：後ろ7のバランスに

脚

後ろ足はヒザを曲げて体重を支え、つま先は開かないように

上半身

上半身は床に対して垂直に、肩・腰は床に対して水平に

かかと

前から見ると両足のかかとは、直線状に並ぶ

後屈立（こうくつだち）

技の目的によって立ち方が変わる

強い技を極めるには強い土台（立ち方）が大切だ。

そして、技の目的によって立ち方は変わり、それによって技の威力やスピードに大きな違いが生まれる。

前屈立は、主に攻撃や力強い受け技と組み合わせる。また後屈立は、相手との距離が少し離れるため、主に受け技と組み合わせる。

Point

後ろ足のヒザは、真横を向き、両足がおよそ直角になるように開く。狭かったり、逆に広すぎたりすると、不安定な立ち方となるので注意が必要だ。

前に足を出しながら同じ側の突きを出す

引き手
しっかりと腰の位置に引き戻す

上半身
肩に力が入りすぎると動きの滑らかさを失う

後ろ足
足の裏全体で床を強く押す感覚

拳・腕
直突と同じように相手の水月（ミゾオチ）あたりを狙う

腰
腰は正面に押し出すようにする

つま先
つま先を内側に締める

Point
突きの動きは、直突とまったく同じになるため、直突をキチンと習得できているかが大きなカギとなる。

LEVEL.2
立ち方と手技・足技

前屈立（ぜんくつだち） 順突（おいづき）

横

1 自然体で立ち、引き手を水月に構える

自然体から順突

2 足を出す時は、床からできるだけ離さないよう、擦り足が基本

3

4 腰の押し出しを突きに乗せる

NG
上体が後ろに残る

上半身が後ろに傾いてしまったのでは、せっかく前に進んでいる力が突きに伝わらない。また相手との間合いもあいてしまうので、上体は垂直に保つことが重要だ。

NG
ヒザが伸びる

前足のヒザが伸び、前に進む勢いを妨げてしまうと、写真のように上半身だけで突く形となるため、突きの威力とスピードが鈍る。前足は体重を支えるための土台と考えよう。

後ろ足の押し込みが技の威力を高める

「順突」は、レベル1で紹介した「直突」を前屈立と組み合わせた攻撃技だ。自然体から前屈立に構えを変えることで、前方への体重移動を行い、踏み出した足と同じ側の手で突きを繰り出す。突き出す力に体重が加わるため、単なる直突と比べて威力も格段に大きくなる。

しかし、前に進みながら出す突きとはいっても、重要なポイントは、前足よりもむしろ後ろ足にある点に注意が必要だ。後ろ足で床を力強く押すことにより、より体を前に運ぶ力を加え、突きの効果を高めることができる。

足の動き、腰の押し出し、引き手や突き手の腕の動き、それらのすべてが連動すると、さらに効果の高い突きとなる。そのため、足を出す動きに合わせ、腰の使い方と突きを出すタイミングは、特に注意して練習するように心がけよう。

LEVEL.2 立ち方と手技・足技

半身（はんみ）・正面（しょうめん）

技のバリエーションを増やす腰の回転練習

重要！

半身と正面は、それぞれが独立した動きになるのではなく、二つを組み合わせることで効果を生む。半身から正面、正面から半身と、スムーズな腰の回転が上達のポイントだ。

大きな差が出る非常に大事な動き

腰を回すことで上半身の向きを変える半身と正面は、技のバリエーションを増やすのに欠かせない体の使い方だ。半身は受け技にも活用でき、正面は前への力が働くため、攻撃の際に特に重要になる。

そして、この動きでもっとも大事なのは、下半身の力を、腰の回転とともに上半身や技に伝える、という点だ。

Point

下半身の力で腰の回転に鋭さを加えるのが、この動きのポイント。ただ腰を回しているだけではないのだ。

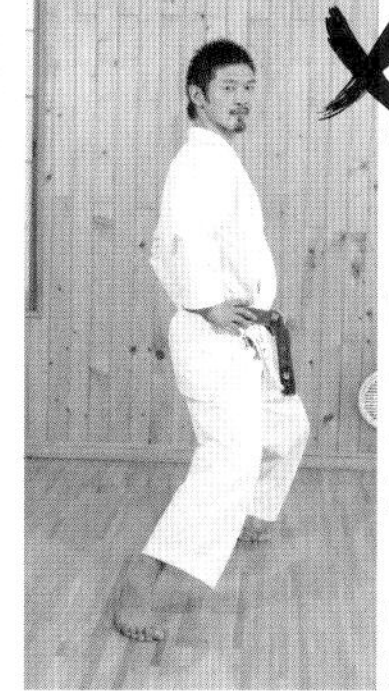

回しすぎ

前足が伸びてしまうほど腰を回しては動きに隙が生じる。ヒザも入りすぎているため、弱い立ち方になってしまっている。前足のヒザの位置は変えずに腰だけで動けるよう注意しよう。

正面→半身→正面を繰り返し練習する

上の連続写真は、正面から半身、半身から正面に腰を回す動き。練習では、これらを繰り返し練習し、スムーズな腰の回転を習得しよう。

腰の回転は、空手道の真髄(しんずい)ともいうべき重要な動きだ。この動きの熟練度によって、技の威力やスピードに大きな違いが生まれるので、充分に練習をつむ必要がある。

Point

空手道では、利き腕・利き足に関係なく、すべての技を左右両方できるようにならなければならない。当然、半身・正面も片側だけではなく、反対側もしっかりと練習しよう。

LEVEL.2 立ち方と手技・足技

逆突（ぎゃくづき）・刻突（きざみづき）

半身・正面を利用した突き技のバリエーション

前 逆突

1 前屈立の半身となり、引き手を相手の水月（ミゾオチ）に構える

2 引き手と腰の回転により正面に移行

3

4 上体を正面にして、前足と逆の手で突きを出す

横

1 前足と同じ側の手を引き手にする前屈立半身の構え

2 引き手を引きながら腰を回転

3

4 体を正面にした逆突が極まる

前

刻突

1 逆突が極まった形からスタート

2 腰の回転で半身へ

3

4 半身となって上段に刻突を出した形

横

1

2 引き手を引く動作と、腰の回転は同時に行う

3

4 上段に刻突が極まる

腰の回転と力の集中で突きを極める

逆突とは、前屈立で前に出した足と反対側の手で攻撃する突き技。腰の動きは、半身から正面となる。順突と同様、大きな衝撃力を秘めた力強い突きの一つだ。

刻突は、前屈立のままで前足と同じ側の手で攻撃する突き。腰の動きは正面から半身となる。

Point

半身・正面の動きにそのまま突きを組み合わせたのが逆突と刻突だ。そのため突きの威力を高めるには、半身・正面の動きをスムーズに行えるようにならなければいけない。

LEVEL.2 立ち方と手技・足技

前屈立での受け

受けと立ち方を組み合わせる

上段揚受

正面に構え、受けと同時に半身となる

すべての受けにおいて、ヒザの位置が変わらないことに注意

中段外受

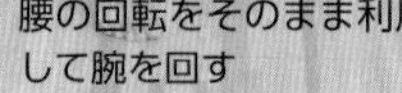

腰の回転をそのまま利用して腕を回す

LEVEL.2 前屈立での受け

中段内受

正面から半身の腰の動きと腕の回転が逆になる

下段払

腕の軌道は斜め下方向に、腰は水平方向に回転する

半身・正面の動きで受けの威力も増す

前屈立と受け技を組み合わせる場合も、半身・正面の腰の動きが受けの威力にそのまま結びつく。

ここで、受け技と立ち方を組み合わせて、その動きを見てみよう。いずれの受けでも、必ず正面から半身へと腰を回しながら受け技を出しているのがわかる。受けの場合は、相手の攻撃が当たる面積を少なくするという目的もあるため、面積の広い正面ではなく、半身で受けているのだ。

レベル1で紹介したように、受けはそれ自体が攻撃技としても活用できるため、鋭い腰の回転で受けの効果を高めることは、攻撃の威力を高めることにもつながる。

また、受けから攻撃へ転じるコンビネーション（レベル4参照）でも、半身・正面の動きが重要となるので、それぞれの技と腰の動きには、特に注意が必要になる。

下半身は閉足立となり、受け手を顔の横に構える

足を出す時は、体を正面に向けたまま

足を着くと同時に一気に腰を回転させる

後屈立になりながら手刀で受ける

LEVEL.2

立ち方と手技・足技

後屈立での受け

正面から半身の動きで手刀に力を乗せる

LEVEL.2 後屈立での受け

同じく閉足立で手刀受の構え

一歩足を引く

足の着地とともに、腰を回転

腰の勢いをそのまま利用して手刀で受ける

2から3にかけて重心を後ろ足に移動しているのがわかる

前後に足を出し、受けのタイミングをつかむ

手刀受は、後屈立と組み合わせると技がスムーズに出せる。受け方には、閉足立の構えから、一歩足を引いて後屈立となるパターンと、逆に一歩前に足を出すパターンがある。足を後ろに引く場合は、軸足が極まる瞬間に腰をすばやく回し、一方、足を前に出す場合は、立ち方が極まる瞬間に前足側の腰を相手にぶつける感覚で行うと、技の鋭さが増す。いずれの場合でも、立ち方が極まる瞬間に腰を正面から半身へと鋭く回すことが、技を上達させるコツだ。

後屈手刀受は、足を後ろに引き、相手の攻撃の軌道を受け流し間合いをとることができる。また、足を前に出し、威力のある手刀で、相手の手足を斬り落とすというような攻撃性の高い受けともなる。状況に応じて使い分けられるように、どちらもしっかりとマスターしよう。

LEVEL.2 立ち方と手技・足技

前屈立での前蹴

足のリーチを活かす前屈立での蹴り

前

1 練習ではバランスをとるために両手を広げて構える

2 閉足立からの前蹴と同様、蹴り足のヒザを高く抱え込む（2～3）

3

4 ヒザのスナップで蹴りを出す

横

1

2

3 ヒザを抱え込むと同時に腰を前に押し出す

4 蹴りの瞬間は特に腰が引けないように

Point

抱え込みの際は、蹴り足の足首がヒザの上にくるほど、しっかり抱え込まなければならない。

Pick up

抱え込みが不十分だと、足の軌道が遠回りになるため、蹴りのスピードが鈍くなり隙も大きくなる。これでは、相手に受けられてしまい、逆に反撃にあう可能性が高い。

足首が伸びている

足首はつま先を真っ直ぐ前に向ける形が必要だ。写真のように伸びてしまっては、足首の力が逃げて威力がなくなる。

ヒザが外に開く

前屈立の形が悪いと、下半身が安定せず蹴りの軌道も変わる。前足のヒザとつま先は真っ直ぐ前を向く。

蹴った後は始めの位置に戻す

すばやく足を引き戻す(引き足)

一連の動きでは腰の高さはまったく変わらない

後ろ足を引きつけ腰を前に押し出す

前屈立での前蹴は、前屈立に構えた際の後ろ足で蹴り出す。そのため蹴りの移動距離が長くなり、スピードが乗って威力も大きくなる。その反面、動作が大きくなるため、蹴り出した足をすばやく引き戻さなければ、隙も大きくなるので注意が必要だ。上の写真では、引き足の動きにも注目しよう。

技の軌道や効果を高める実践的な練習方法

空手のためのトレーニング②

Training.2

サンドバック

重さを使い、打撃の極意をつかむ

打撃技を鍛える時、対象物として使うのがサンドバッグだ。サンドバッグは、砂の重さや硬さを人の体に見立てることで、実際に打撃を当てた時の感覚を確かめることができる。
サンドバッグのトレーニングは、全身の動作を連動させ、攻撃する一点に力を集中させることが必要だ。基本に立ち返って、一つ一つの動作をキチンと復習しよう。

前蹴を鍛える

蹴り足にスピードと力が乗っていれば、写真のようにサンドバッグがしなる。しかし、軸足が不安定だったり、腰が引けると、砂の重さによって、反対に弾き返されてしまう。軸足の支えでしっかりと体のバランスを保ち、腰の押し出しを使って蹴るように心がけよう。

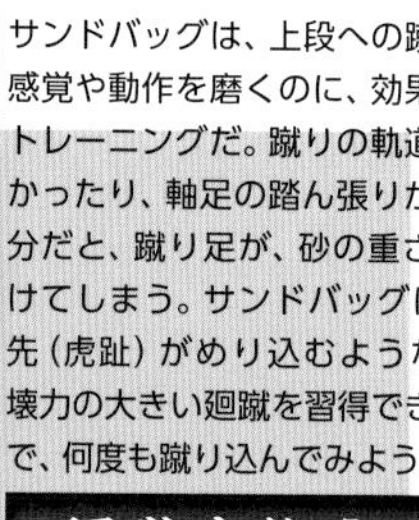

廻蹴を鍛える

サンドバッグは、上段への蹴りの感覚や動作を磨くのに、効果的なトレーニングだ。蹴りの軌道が悪かったり、軸足の踏ん張りが不充分だと、蹴り足が、砂の重さに負けてしまう。サンドバッグに、足先（虎趾）がめり込むような、破壊力の大きい廻蹴を習得できるまで、何度も蹴り込んでみよう。

巻藁（まきわら）

伝統的な空手の実戦トレーニング

「巻藁を使用した鍛錬は、空手修行の生命である」といわれる。使用部位を鍛え上げるだけでなく、自分の技をいかに瞬間的に爆発させるか、という「極め」を体でつかむ練習なのだ。巻藁は、右のように藁を巻いたものを、「巻藁棒」と呼ばれる、地面に差して直立させた棒にしばりつけて使用する。下の写真は、巻藁の代わりに、革袋をかぶせている。

突きを鍛える

突きの場合は、正拳を真っ直ぐに突き出し、肩とヒジのバネを活用してインパクトの瞬間に力を込めて打ち込む。腕を押し込んでしまっては効果がない。そして、巻藁が跳ね返ってくるのに合わせてヒジの力を抜く。肩で衝撃を吸収したり、上体をのけぞらせないことが肝要だ。０→１０→０の「力の集中」をおぼえよう。

蹴りを鍛える

蹴り足の虎趾で巻藁を蹴りつける鍛錬。これは正しい蹴りの動作を身につける上で非常に効果的なトレーニングだ。蹴り足だけを意識すると、軸足が安定せず、蹴りの効果も低くなる。しっかりと、足の裏で地面をつかむイメージが、蹴り技を上達させるコツとなる。

鉄下駄など

負荷運動で技に必要な筋力をアップ

鉄下駄を履き、足の動作に必要な筋肉を鍛える。前後左右に揺らしたり、蹴りの動作を行うことで、足全体の筋力アップを図る。ただし、急激な筋力トレーニングはケガのもと。自分の体力に合わせて、練習しよう。

鉄下駄

サーシは、手技に負荷をかける鍛錬用具だ。負荷運動では、軽い負荷でスピードの強化、重い負荷で筋力のアップが可能だ。スピードを強化したい場合は、軽めの負荷で速く動かすのがコツ。一方、筋力をアップしたい場合は、重い負荷でゆっくりとした動作が大切だ。

サーシ

サーシがない場合、鉄アレイなどでも代用できる。重いウエイトでがむしゃらにトレーニングするのではなく、鍛えたい目的に合わせた重さで行うことがポイントだ。鉄アレイの代わりに、水を入れたペットボトルなどを使えば、どこでも手軽にできる。

鉄アレイ

帯

帯を使って技の軌道と速さを養う

自分の帯にもう一本の帯を通し、その先を相手に引っ張ってもらう。これは運足のスピード感を養うトレーニングの一つで、まずは、自分が出せる以上のスピードを体感し、徐々にそのスピードに近づけていくというものだ。

スピード感を鍛える

帯を一定の高さに張り、それを引っ掛けないように蹴ることで、ヒザの抱え込みをトレーニングする。このトレーニングでは、蹴りの動作（蹴り足）と同様に、軸足の使い方が重要だ。軸足のヒザが帯から離れないようにしよう。

抱え込みを鍛える

今度は、二本の帯を段違いに張り、一つは軸足のヒザよりも高い位置に合わせ、もう一つは、横蹴込の目標位置に設置する。ヒザの抱え込みと正しい蹴りの軌道を、一連の動作で磨くことができるトレーニングだ。

軌道を磨く

突きや蹴りの威力と正しい軌道を習得する

巻藁は、拳や足先を鍛えるためのトレーニングと、技の効果を高めるための、体全体の使い方を総合的に覚える、といったさまざまな効果を狙った練習方法だ。また巻藁を目標とすることで、もっとも威力の高い間合いを確認することもできる。

同様にサンドバッグも技の効果を高めるトレーニングの一つ。足、腰、上半身、腕と、すべての動きを連動して、重い砂袋を弾かせるような力強い攻撃をマスターしよう。

帯を使ったトレーニングは、技の正しい軌道やスピード感を養うのに効果的だ。特にスピード感は、1人の練習ではなかなか身につけることができないので、誰かに引っ張ってもらい、速いスピードを体感することが大切だ。

その他、鉄下駄や鉄アレイなどを使い、基礎的な筋力を鍛えよう。

空手の歴史2

唐手から空手へ

首里手、泊手、那覇手の3系統へと集約された琉球唐手は、19世紀になって3系統それぞれに、首里手に松村宗棍、泊手に松茂良興作、那覇手に東恩納寛量といった中興の祖が輩出され、武術としてのさらなる発展を遂げます。

20世紀初頭、明治後期にあたる1908年には糸州安恒によってまとめられた「唐手十カ条」が沖縄県学務課に提出され、琉球唐手は学校体育にも取り入れられるようになりました。

琉球で発展を遂げ、幅広く認知されるようになった唐手が全国的に知られるようになったのは、大正11（1922）年に、首里手の名人と呼ばれた沖縄尚武会会長・船越（冨名腰とも表記される）義珍が、東京で行われた体育博覧会で公開演武を行ったことがきっかけとされています。

それからも船越義珍は東京に留まり、講道館（柔道の総本山）の嘉納治五郎の前で演武を行うなど、唐手の普及と指導に努めました。さらに、慶應義塾大学や東京帝国大学を端緒として、在京の数多くの大学に唐手の団体が生まれ、船越はそれらの師範に就任。才気あふれる若者たちに教えを授けることになります。このことも、空手道の普及に大いに寄与したことは間違いありません。

以後、次々と琉球唐手の道場が開かれ、全国的に広まりを見せるなか、昭和10（1935）年、船越義珍は「唐手術」という名称を「空手道」と改称しました。それによって格闘戦用の武術であった「唐手」は人格形成に寄与する武道へと昇華し、現在の空手の隆盛へとつながっていきました。

「空手道の開祖」船越義珍師

LEVEL.3

レベル3

運足・重心移動
方向転換

レベル3にあたって

運足の勢いを利用した技の高め方を学ぶ

レベル3でやるべきこと

構えて前後左右に動いてみる

後屈立の前進・後退

後屈立の運足は重心の移動方法が難しい。

P68へ

前屈立の前進・後退

前屈立での運足は足を運ぶ軌道が特徴的だ。

P66へ

騎馬立での横移動

横移動には騎馬立という立ち方を使う。ヒザやつま先の向き、さらに足の交叉方法がポイントだ。

P80へ

運足を利用すると…

威力が高まる

運足を行う目的の一つは、体の重心を移動すること。理にかなった運足を行えば、重心の移動によって、技に体重を乗せ、威力を高めることができるのだ。

間合いを調整できる

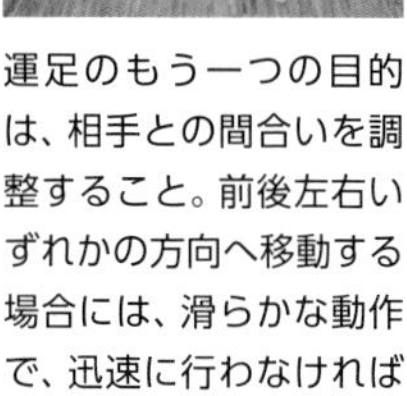

運足のもう一つの目的は、相手との間合いを調整すること。前後左右いずれかの方向へ移動する場合には、滑らかな動作で、迅速に行わなければならない。

正しく迅速な運足が重要！

正しく迅速な運足ができれば、攻撃のチャンスを増やし、逆に相手のチャンスをつぶすこともできる。

正しく迅速な運足で技を出してみよう

初歩の型を利用して運足の方向転換を覚える

一通り、運足の基本を学んだ後は、その動きを型で復習してみよう。レベル3で登場する"平安初段"は、初心者が最初に学ぶ型で、技の構成は、これまでに学んだ基本の技がメインとなる。型は技の順番と正確性、そしてスピードの緩急が大切だ。

平安初段

P84へ

五本組手を利用して"相手がいる"という感覚を覚える

五本組手では、ここまで学んだ基本の技を、相手を置いて磨いていく。実際に相手を置くことで、技のコース・腰の使い方・そして運足が、どのように技に影響するのかをもう一度、復習していこう。

五本組手

P86へ

運足と技のタイミングを合わせる

突きは、体の前方に力を向ける前屈立の運足を行うことで、威力が倍増する。

P70へ

受けの運足には"半身"の動きも加わる。腰と足の連動性は特に注意が必要だ。

P72へ

運足と蹴り技は、蹴り終った後の足のさばき方が難しい。

P78へ

重心の移動方法を学び、技に体重(力)を乗せる

レベル3では、ここまでに紹介した技を、運足と組み合わせてみよう。運足とは、前後左右に移動する際に行う空手独特の足運びだ。

もっとも重要なことは下半身の安定感。下半身が安定しないと、技の効果が半減するだけでなく、技を出す動作そのものが難しくなる。安定感を維持するには、重心の高さを変えないよう、すり足で行うのがポイントだ。

また、運足ができるようになったら、型や組手の練習にも挑戦しよう。型や組手は、新しい技を覚えたり、相手との間合いをつかむ上で、欠かすことができない稽古だ。レベル3では、もっとも基礎的な型である「平安初段」と約束組手の一つ「五本組手」を紹介しているが、どちらもしっかりとマスターしよう。

運足の基本①

すり足で重心を水平に移動させる

正面 前屈立の前進

1 上体が前へ傾かないよう、腰に当てた両手の親指で腰骨を突き出す

2 足を揃える時、目線の高さ、腰の高さを一定に保つこと

3 擦り足をする際、足裏は床との間に紙１枚はさむ気持ちで

4 半円を描くような軌道で左足を踏み出し、前屈立の構えへ

正面 前屈立の後退

2 重心が上下動しないために、足首はしっかり締めること

3 足を運ぶ際は、軸足にしっかり体重を乗せる

半身 前屈立の前進

1 上半身を半身にして構える

2 腰を回して正面姿勢になりながら、足を運ぶ

3

4 そのまま腰を回して今度は逆向きの半身へ

半身 前屈立の後退

1

2 腰と足の動きがバラバラにならないよう気をつけよう

3

4

Point

運足は軸足の使い方にコツがある。前に進む場合も、後ろにさがる場合も、ヒザと足首を柔らかく使うことが大切だ。こうすることで、体を安定させたまま、すばやい移動が可能となる。

腰の高さが変わらない安定感が大切

空手における移動は「運足」と呼ばれる。相手との間合い（距離）をどう取り、技を仕掛けていくか。勝負の分かれ目は、この運足で決まる。

すばやく移動し、正確な技を繰り出すためには、重心を上下動させず、水平に移動することが必要。それには、足裏を地面に滑らせるように運ぶ「擦り足」を使う。

LEVEL.3
運足・重心移動・方向転換

運足の基本②

受け技に欠かせない後屈立での運足

横

後屈立の前進

1
重心を後ろ足にかけた後屈立の構え

2
上半身を正面姿勢にしながら前足に重心を移す

3
そのまま腰を回転させて、半身となって再び後屈立

4

前

1

2
後ろ足から前足に重心移動

3
軸足に重心を残したまま前足を出す

4

横

後屈立の後退

腰の回転で前足を軸足に引きつける

足を開き、重心を後ろに移動

前

後屈立での運足は重心の移動が特に大切！

後屈立の移動は、主に守りの局面で重要となる。

後屈立の前進と後退では、重心移動の仕方が異なる。前進の際は、軸足に重心を移しながら後ろ足を前に送り出すが、後退では前足を引きながら重心を後ろに移動させる。それぞれの違いに注意して正しいやり方を身につけよう。

Point

前進と後退とでは、軸足のつま先の使い方に違いがある。前進の場合は、立ち方が極まる瞬間につま先を外に向け、後退の場合は、両足が揃う瞬間に前に向ける。

運足と突き

LEVEL.3 運足・重心移動・方向転換

体を連動させるタイミングが大切

横

前屈立から前屈立の順突き

1 前屈立、半身の構え

2 両足が揃う瞬間は、体が正面を向く（前屈立・半身の前移動）

3 足を運ぶ腰の押し出しを利用し突きを出す

相手の懐に一歩踏み込んで突きを出す。基本の立ち方を保ち、運足を速めることで威力は大きく増す

Point

突き手の拳が返るタイミングを間違えないこと。脇を離れてからひねらないと、ヒジが浮き、肩も動いて最大限の力が伝わらなくなってしまう。

腰は常に一定の高さに。上下にブレると前方への力が分散する

移動の勢いを使い、突きの威力を高める

基本の技、移動を身につけたところで、今度はそれらを組み合わせてみよう。

まずは、運足からの突き。

その場に立った姿勢で行う基本練習ともっとも違うのは、重心移動が加わったことによる破壊力のアップである。

重要となるのは、タイミングだ。移動、腰の押し出し、拳の突き出しまでがしっかりと連動しないと、威力は半減してしまう。

ここで気をつけたいのは、腰が上下動してしまったり、フォームのバランスが崩れてしまったりすること。

また、突きを出すにあたり、自分の射程距離は正確につかもう。間合いを見誤ると、相手の反撃を食らいやすくなるので注意が必要

運足のNG

上体が前のめりに
上体だけが前方に傾いてしまっている。この場合、体重移動が突きに伝わらない。しかも、不安定な状態となるため、顔を狙われやすくなる。

上体が後ろに反る
上体が後ろに反り返り、重心が前に乗りきっていない。この場合も、重心移動で生じるエネルギーが突きに乗らず、威力が激減することになる。また、後ろに反った分だけ自分の突きのリーチが短くなり、相手との距離があく。

前進

上段揚受

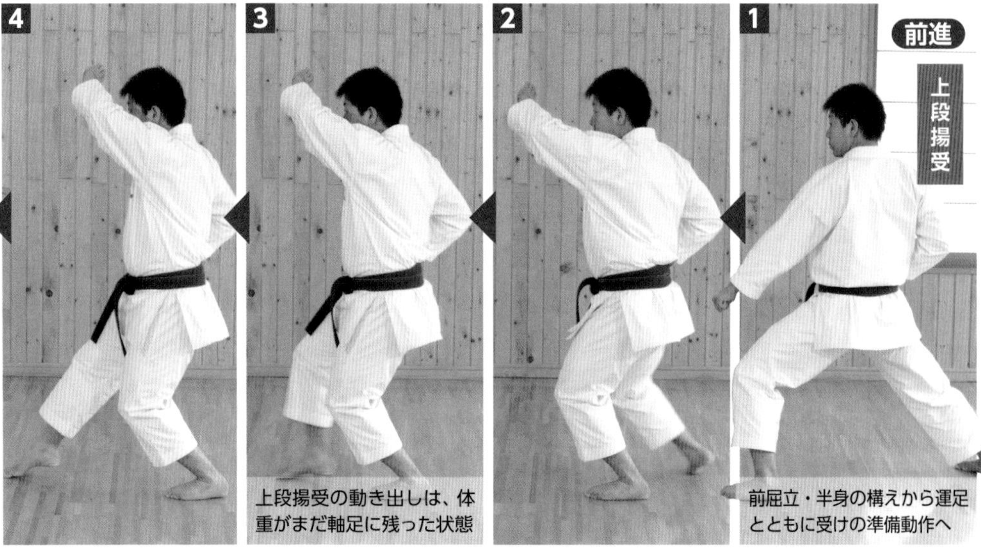

1 前屈立・半身の構えから運足とともに受けの準備動作へ

2

3 上段揚受の動き出しは、体重がまだ軸足に残った状態

4

後退

上段揚受

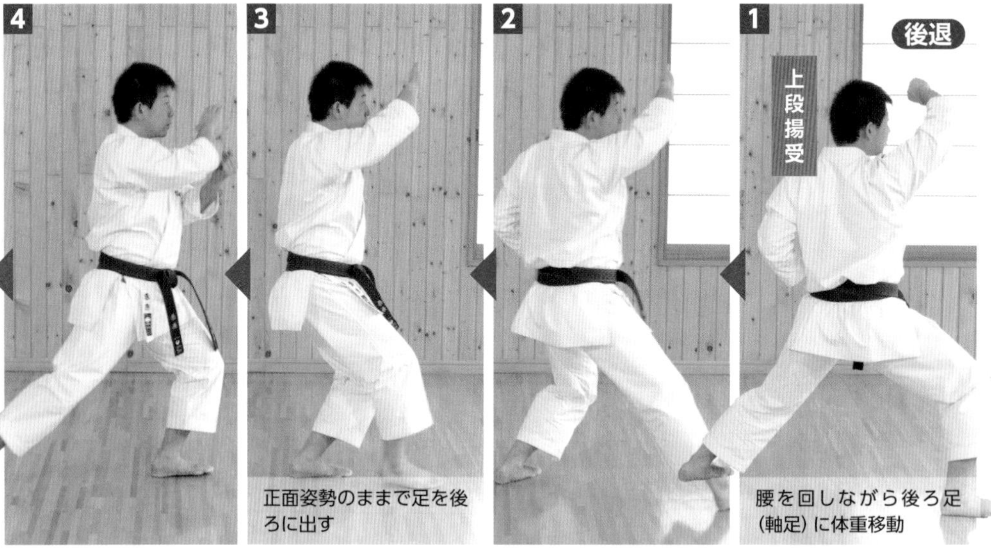

1 腰を回しながら後ろ足（軸足）に体重移動

2

3 正面姿勢のままで足を後ろに出す

4

前屈立での運足をともなう受け

前進

前進しながらの上段揚受を前から見た連続写真。足運びの軌道に気をつけよう。

体重を前足に移動しながら受けを極める

受けを出す瞬間、腰を半身に回す

後退

これは後退しながらの上段揚受の連続写真。足運びと腰の回転、腕のタイミングに注意が必要だ。

受けの強さは運足のスピードから

空手の受け技は、防御だけでなく、相手の攻撃から自分の反撃へと移るための足がかりとなる。

重心を移動させて足を着いた瞬間に半身になり、その力を腕に乗せることで、さらに力強く相手の技を弾き返すことができる。

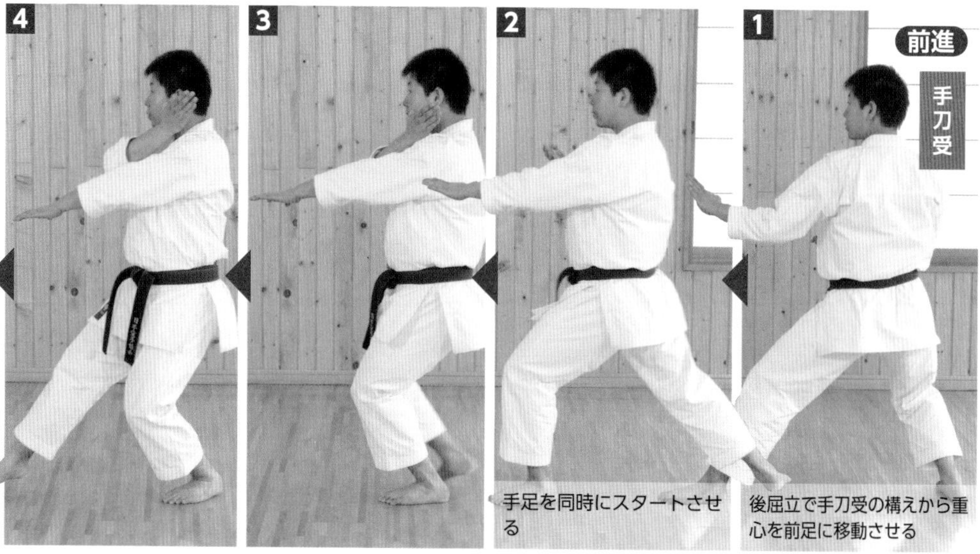

前進

手刀受

1 後屈立で手刀受の構えから重心を前足に移動させる

2 手足を同時にスタートさせる

3

4

後退

手刀受

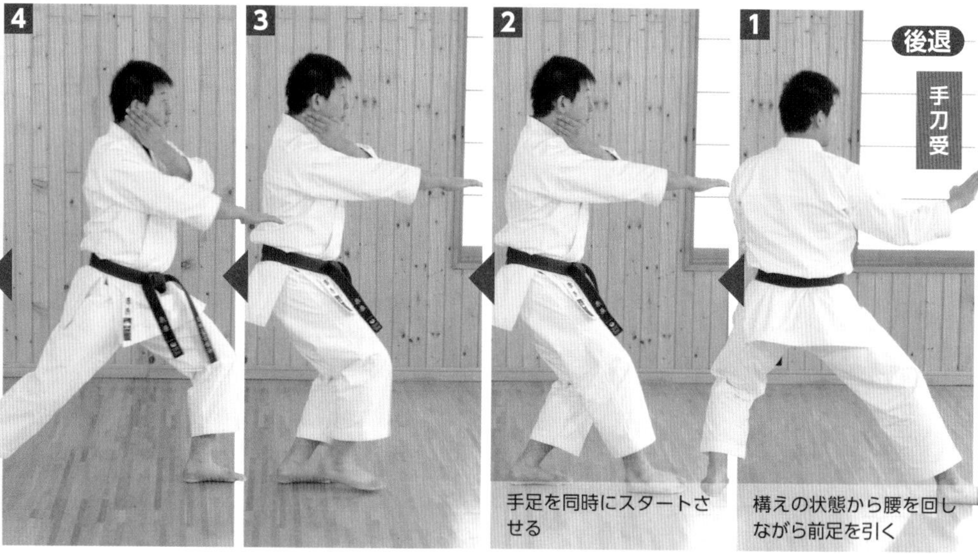

1 構えの状態から腰を回しながら前足を引く

2 手足を同時にスタートさせる

3

4

後屈立での運足をともなう受け

前進

前進しながらの手刀受を前から見た連続写真。立ち方と構えによって体の幅を細くしているのがわかる。

足を出し後屈立となり、腰の回転で手刀で受ける

前から後ろへと重心移動させ、最後に手刀で受ける

ヒジのスナップで相手の攻撃を弾く

手刀受の手は、これまでの受け技のように握り拳ではなく、手刀となる。

この受け技のポイントはヒジのスナップを利かせ、受ける間に手首をしっかり固めることである。

前進・後退のどちらも、立ち方と受け技が同時に極まるよう練習しよう。

後退

後退しながらの手刀受の連続写真。前進の時と同じように、体の幅を細くし、相手から狙われる場所を減らしている。

その他の受け技のバリエーション

相手の攻撃に負けないよう手だけでなく全身で受ける

相手が踏み込んで攻撃してくる場合、その威力に負けてしまっては、反撃に移ることはできない。

そうならないためには、運足を使って相手の力を逃がすか、あるいは攻撃に圧されないほど強く受ける必要がある。特に、後退しながらの防御は手だけで受けがちになるので気をつけよう。

後退

Point

移動しながらでも、受けの基本は同じである。ヒジは脇腹の線から外側へはみ出さない。

中段外受

中段外受は、顔の横に構えた腕を、脇腹あたりに引きつける動きと、運足の腰の回転を同時に行うことがポイントだ。運足と同時に受けることで、受けの威力が大きくなるが、この時、腕をひねる動作を忘れると、相手の攻撃を受けきれない。足だけでなく、全身にくまなく注意を向けよう。

後退 前進 後退 前進

下段払

下段払は、受けを極める位置に注意しよう。運足と組み合わせた場合、拳の位置は、ヒザのちょうど真上あたりにくる。受けた時この位置がずれるようなら、上半身が前後に傾いていたり、必要以上に脇が開いてしまったり、また足を開きすぎたりすることが原因だ。

中段内受

中段内受は、腕の動きが腰の回転とは逆方向となるため、運足と組み合わせると、手と足のタイミングのとり方がやや複雑になる。手足がずれてしまうようなら、一度、レベル１、レベル２に戻り、まずは受けの形をしっかりと体に覚え込ませてから運足と合わせてみよう。

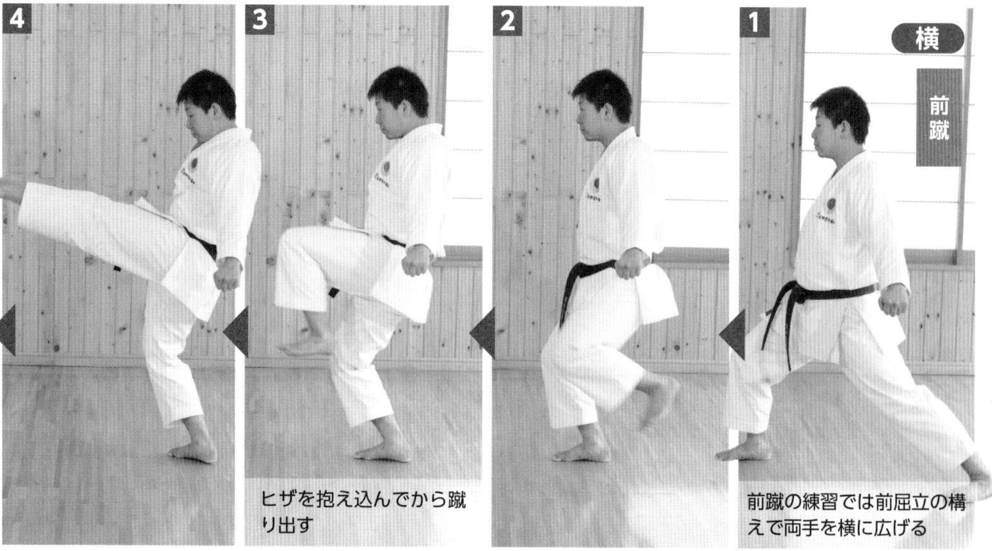

横

前蹴

1 前蹴の練習では前屈立の構えで両手を横に広げる

2

3 ヒザを抱え込んでから蹴り出す

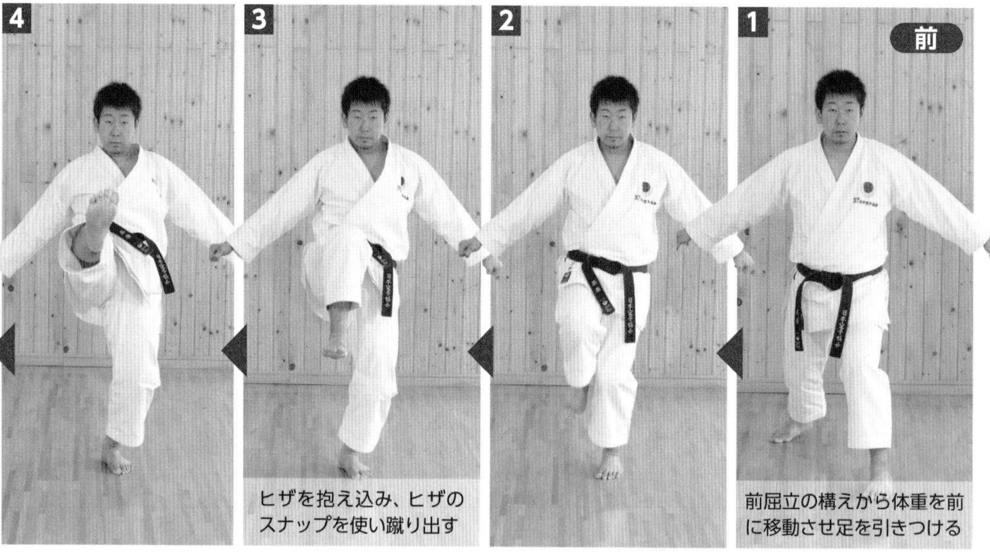

4

前

1 前屈立の構えから体重を前に移動させ足を引きつける

2

3 ヒザを抱え込み、ヒザのスナップを使い蹴り出す

4

運足と蹴り技を組み合わせる

8 7 6 5

抱え込んだ足を前に着いて体重を移動し再び前屈立となる

蹴った後は、一旦、足を抱え込む動作（引き足）が重要

8 7 6 5

一連の動きでは、腰の高さが一定となるよう気をつけよう

引き足をすばやく引きつけ、着地の準備動作へ

体重移動で得た力を蹴り足に乗せる

運足をともなう蹴りは、突きの場合と同様、重心の移動が大きくなった分だけ、破壊力はアップする。

しかし、一方で姿勢を崩しやすく、隙が生まれやすい。

蹴る際は、体重移動をすることで蹴り足に重さを乗せる。全身のバランスを崩さないことも大事だ。

Point

実戦において、蹴りはモーションが大きいため、相手に読まれやすい。特に、抱え込みの際に軸足が開くとそれは顕著となる。最短距離をとるよう心がけよう。

空手の横移動は騎馬立という立ち方から学ぶ

LEVEL.3
運足・重心移動・方向転換
横移動

横

騎馬立の横移動

1 騎馬立の構え（左ページ下参照）から足を引き寄せる

2

3 軸足の前を通し足を交叉させる

注意！

4

左右の足を交叉し真横の敵に備える

空手には、前後だけでなく横方向に移動するための運足もある。騎馬立の姿勢から足を一度交叉させて再び騎馬立へ移動する場合は、動かす方の足は軸足の前を通っていく。

この横移動は、実戦では蹴り技や猿臂に派生することが多い。

Point

横移動も重心の高さを一定を保つことが重要だ。足を引きつける際に腰が高くなりがちなので、体重を乗せる軸足のヒザを使い、腰の高さをキープしよう。

5

移動させた足に体重を移し、反対の足を移動

6

7

8

足を開き両足に体重を乗せる

騎馬立とは

騎馬立は横方向に構える際に、欠かせない立ち方だ。左右の両足に均等に体重を乗せ、ヒザを張り、つま先をやや内側に締める。上半身が前後に傾くとバランスを崩し、次の動作への動き出しが遅くなる。また、他の技と組み合わせた際、威力が落ちてしまうので、しっかりと安定を保つよう心がけよう。

✕NG

つま先が開いている

つま先が開くと、立ち方の力の集中がなくなり、安定感もなくなる。

✕NG

上半身が後ろに傾く

これでは動きが鈍くなり、実戦では最大の隙とあり相手の攻撃を受けてしまう。しっかりとヒザと足首を締めるように心がけよう。

✕NG

上半身が前傾している

逆に体が前に倒れてしまうことがある。この場合も安定感を失うため、技の威力に影響する。上半身は必ず床に対して垂直となる。

LEVEL.3

運足・重心移動・方向転換

・

騎馬立から繰り出す横方向への蹴り技

前

騎馬立からの横蹴込

1 騎馬立の構えから横（写真では右手方向）へ移動

2

3 前蹴と同じようにヒザをしっかりと抱えることが重要だ

4 ヒザから下を押し込むようなイメージで蹴り出す

前

騎馬立からの横蹴上

1 蹴りの動作までの動きは、上と同じ

2

3 横蹴上はヒザを横に向けヒザ下をムチのようにして蹴る

4

Pick up

横蹴込と横蹴上の違い

横蹴込と横蹴上の大きな違いは、蹴りの軌道である。横蹴込は、体の正面にヒザを抱え込むのに対し、横蹴上は、進行方向に抱え、足を下から上へ上げるように蹴り出す。まずはしっかりと軌道の違いを覚えておこう。

蹴り終った後はしっかり引き足を引いてから着地

閉足立での横蹴込▶

横蹴込・横蹴上の習得は、まず閉足立から練習しよう。運足がないため、蹴りの動きだけを覚えやすくなる。いきなり横移動と組み合わせると、動きが複雑すぎて技の習得が不完全になる。

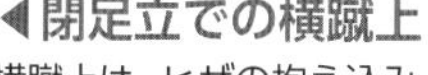

◀閉足立での横蹴上

横蹴上は、ヒザの抱え込みとヒザ下の軌道が重要だ。足全体をムチのように捉え、ヒザを横方向に高く上げ、ヒザのスナップを使う。横蹴込・横蹴上とも蹴る部位は足の側面（足刀）だ。

蹴り足をしっかりと引き戻すことが重要

正面を蹴る前蹴 側面を蹴る横蹴

相手が自分の横にいる場合、横蹴込と横蹴上は、横方向への蹴り技として繰り出す代表的な技だ。体の向きを変えずに出せるので、技のつながりとしても効果的だ。体の向きが前蹴とは大きく異なるが、重要なポイントはそれほど変わらない。蹴り込んだ後は、しっかりと引き足に気をつけよう。

基本の技で構成された初心者向けの型

「型」とは

型とは、受け技、突き技、打ち技、蹴り技といった技と、運足や立ち方を組み合わせて、360度すべての方向に対して、縦横無尽に技を繰り出せるよう構成されたものだ。

古くから空手の鍛錬は、主にこの型を練習することに重点が置かれてきた。型を覚えることが技の習得につながり、また、基本的な体力づくりや総合的な体さばきを身につけることができる。

また、型は、四方八方を敵に取り込まれている状況を想定しているため、一つ一つの動きには、敵と対峙する様々な場面があり、そこには必ず意味がある。単に技を覚えるだけではなく、どのような場面で使われているのかをしっかりとイメージすることが大切だ。

なお、本の中ではそれぞれの型のうち、特徴的なポイントをもった挙動を取り上げている。一連の動きについてはＤＶＤで確認しよう。

挙動４
●右前屈立、
右拳槌縦回し打

1 右下段払（挙動３）の形

2 足を半歩引き寄せる

3 肩を中心に右腕を下から回す

4 再び足を前に出して上から拳槌

挙動６●左前屈立、左下段払

右足を回転軸にして、体の正面へ方向転換

LEVEL.3
運足・重心移動・方向転換
平安初段

Pick up

平安初段は、構成されている技のほとんどが、ここまでに紹介した基本の技と運足だ。空手に初めて取り組み始めた初心者は、この型を覚えることで、空手の基礎を学ぶことができる。個別の技の鍛錬と一緒に、型でもしっかりと復習しよう。

拳槌とは

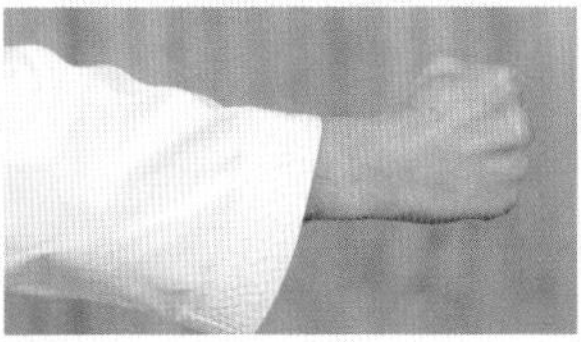

拳槌は、突きとは違い、相手を打ちつけるようにして繰り出す打ち技の一つ。拳の小指側の側面を使い、上から下への縦方向や、相手の胴体を狙う横方向への攻撃がある。平安初段では、縦の拳槌が使われている。

Point 手を開いて目標をとる

挙動7●右前屈立、右上段揚受

左下段払（挙動6）の形

運足と一緒に引き手を額の上にかざす

受け手を外側に通し体の正面で交叉

右手の前腕部分をひねりながら受けを極める

Pick up

型は、挙動の順番が特に大切だ。すべての技の構成は、その前後のつながりがあることで初めて意味をもち、一つの挙動が抜けるだけで、その意味合いがまったく変わってしまうのだ。ここで取り上げた平安初段を含め、これから出てくる型のすべては、技と順序を正確に覚える必要がある。

挙動10●左前屈立、左下段払

挙動6と同様、右足を回転軸にして右へ方向転換

LEVEL.3

運足・重心移動・方向転換

五本組手

実際に相手と向き合った基礎鍛錬

空手は礼儀を重んじる武道だ

練習でも組み合う相手には礼を尽くす

攻撃側は、一礼した後に構えに入る

組手とは

組手は、相手と向き合うことで、技を仕掛ける間合いやタイミングを習得する鍛錬方法だ。組手には大きく分けて約束組手と自由組手の二つがある。

約束組手とは、どのような技を出すか、またどのような技で返すかをあらかじめ決めておき、一定の間合いで技を出し合うというもの。約束組手の中には、五本組手、基本一本組手、自由一本組手がある。

一方、自由組手は、間合い、タイミング、技、そのすべてを自由に選択する、まさに実践的な練習だ。この自由組手では、間合いやタイミングの他に、相手の攻撃を予測する洞察力や不意の攻撃に対する俊敏な反応が求められる。

どちらの組手でも、目標の把握と運足のすばやさ、そして技の極めは特に重要となる。

ここでは、もっとも基本的な組手である五本組手を紹介しよう。

5回の攻撃で攻撃と防御の感覚を養う

五本組手は、まず攻撃側が5回連続で同じ技を出し、受け側は、同じ受け技で5回受けた後、返し技を出す。その後は攻守を交替し、同じ動きを行う。

空手は、礼儀を重んじる武道だ。練習でも、技を掛け合う相手に対してはキチンと礼を尽くすことが大切だ。

攻 上段順突
受 上段揚受から逆突

攻撃側は、相手の上段
（人中）を狙い順突を
5回連続で仕掛ける

受け側は、5本目の
突きを受けた後、
逆突で返す

攻 中段順突　**受** 中段外受から逆突

攻撃側、受け側とも、左右に関わらず連続で行う

最後は、中断外受から逆突

前蹴

下段払から逆突

攻撃や受けの技だけではなく、
足運びにも気をつけよう

最後は、5本目の
前蹴を受けた後に逆突

空手の流派1

松濤館流と剛柔流

ひとくちに空手の流派といっても、ひとつの道場だけで成り立っているようなところまで含めれば、空手には数多くの流派が存在します。そうした中で、門下生の数や国際的な広がりなどから松濤館流、剛柔流、糸東流、和道流が四大流派と呼ばれています。そこで、本コラムとＰ１１０のコラムで四大流派について紹介します。

「松濤館流」の名称は、「空手道の開祖」ともいわれる船越義珍の雅号（風雅な別名のこと）が松濤であり、師が最初に開いた道場のことを人々が「松濤館」と呼んだことに由来しています。それゆえ、船越の系統の流派のことを総称して「松濤館流」と呼ぶようになりました。

現在は多くの会派に分かれていますが、その最大のものが、船越が初代最高師範に就任して昭和23年に創設された日本空手協会で、現在でも世界最大規模の空手道団体として知られています。

首里手の代表的な存在であった船越義珍に対して、中国南派少林拳の流れを汲む那覇手の達人とうたわれた宮城長順を開祖として発展したのが剛柔流です。

昭和５（１９３０）年、宮城長順自身が中国福建少林拳白鶴門の伝書である「武備誌」の中の「法剛柔呑吐、身随時応変（法は剛柔を呑吐し、身は随時応変す）」という記述から「剛柔」を引用して命名したといわれ、独立した流派を名乗ったのは剛柔流が日本で最初とされています。

日本空手協会の創設者の一人・中山正敏前首席師範

LEVEL.4

レベル4

基本コンビネーション

技と技をつないでコンビネーションを学ぶ

レベル4でやるべきこと

基本の動きを覚えたら…

このレベル4の内容は、「技のコース」、「腰の使い方」、「運足」を正しく理解し、実践できることが前提となる。レベル4を始める前に、もう一度、それらのポイントを復習しておこう。

受けと極めの関連性を学ぶ

基本のコンビネーション
受け→突き

P94へ

上段揚受から逆突

コンビネーションのもっとも基本的な組み合わせは、前屈立の運足で、受け技と突き技を連続で行うコンビネーションだ。足運びを前屈の移動で行うこのコンビネーションで、運足と半身・正面の腰の回転を使う技の連携を学んでいこう。

P100へ

手刀受から貫手

同じ受けから突きのコンビネーションでも、立ち方が変わるとやや難しい動きとなる。たとえば、手刀受のように後屈立で受けた後に突きに転じる場合には、後屈立から前屈立に変化する場合もある。この動きで特に大切なことは、後屈立で後ろに置いた重心を、後ろ足の伸ばしと腰の回転で前に移すことだ。

貫手・裏拳が加わった型

型も多くの技をつなげたコンビネーションといえる。平安二段は、裏拳や諸手受など、これまでにない新しい技が多数組み込まれている。また"逆半身"という腰の使い方も登場し、やや難しい型となっている。まずは技の構成とその順番をしっかりと覚え、淀みのない型をマスターしよう。

P106へ

平安二段

猿臂や両手を受けに使用する型

平安三段は、両手を同時に使うといった複雑な技が増え、手の動作もやや難しくなる型だ。手の動作をしっかりとコントロールするには、ヒジの位置が特に肝要。ヒジの張り方や、ヒジを中心とした腕全体の使い方、また構えなどを特に意識して、平安三段の型を覚えていこう。

P108へ

平安三段

技と技による相乗効果を意識

P102へ

相手を圧倒する突き→突き

突きから突きのコンビネーションで、代表的なものが下に取り上げた三本突である。上段順突を正面で行う場合と半身で行う2種類がある。

上段順突(半身)から中段逆突、中段順突

上段順突(正面)から中段逆突、中段順突

技と技との相乗効果とは、コンビネーションの一つめの技の動き利用して、二つめの技の威力を高めるということだ。たとえば、受け技は、半身となって受けるが、そこから攻撃に転じる場合には、半身から正面に腰を回す動きを使うことで、突きの破壊力が増す。このように、前の技の動きと後の技の動きを流れるように合わせることが、コンビネーションのもっとも重要なポイントだ。

準備動作のタイミングに気をつけ動作の隙をなくす

レベル4では、ここまでに紹介した手技を組み合わせて、技のコンビネーションを学んでみよう。空手において、コンビネーションを学ぶことは、個別の技を学ぶのと同じように重要だ。

連続技を出すためには、一つ一つの技を正確に出すことはもちろん、「受け」と「極め」の感覚をしっかりとつかむこと、正しい運足を心がけること、半身・正面の動きなどがさらに大切になってくる。これまでに覚えてきた基礎を意識して挑戦してみよう。

また、レベル4では、「平安二段」と「平安三段」という型を紹介している。平安二段は、新たに登場する技を意識してみよう。そして平安三段は、受けに両手を使用するのがポイントだ。これらの点に注意しつつ、一歩進んだ新しい方に挑戦してほしい。

基本の技をつなぐシンプルなコンビネーション

LEVEL. 4
基本コンビネーション

受けから突き①

横

上段揚受から逆突（前進）

1 前屈立・逆突の構え

2 前に体重移動しながら腕を交叉させる

3 引き手を額の上に上げる上段揚受の準備動作

4 体重を前足に移動して前屈立で上段揚受を極める

前

1 始めの構えでは前に出した手を開くこともある

2 前進しながら受けの準備動作に入ることが重要だ

3

4 正面の姿勢から半身となって受けを極める

上段揚受から逆突（後退）

後退でも始めの構えは同じ

重心を後ろ足にかけながら受けの準備動作

足を後ろに引く際、上半身は正面を向く

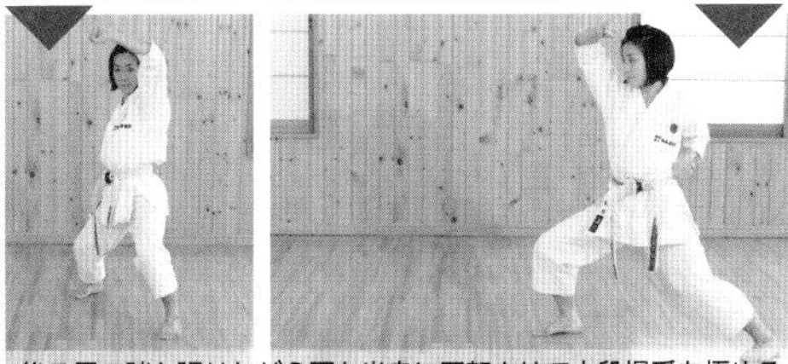
後ろ足で踏ん張りながら腰を半身に回転させて上段揚受を極める

再度、腰を回し正面に体を向けながら逆突き

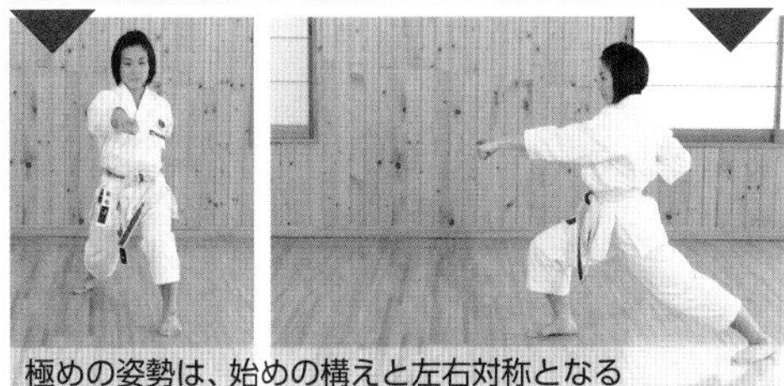
極めの姿勢は、始めの構えと左右対称となる

5 受け手を引き手に、引き手を突き手に変える

6 腰の動きに合わせて逆突を出す

6 突きは、自分の体の中心（相手の水月）に向ける

5 前屈立はそのままで半身の状態から腰を回し正面に

相手の攻撃を受けその隙に攻撃する

受けから突きは空手における基本の動作といってもよいほどもっとも基本的だが、その反面、もっとも実用性が高い基本のコンビネーションだ。ここでは、まず上段揚受から逆突を例にして、コンビネーションを解説していこう。また運足と組み合わせることで前後への移動も一緒に習得していこう。

中段外受から逆突

前進

前屈立・逆突の構え

後ろ足を引きつけながら受け手は顔の横に

足を前に出し受けの準備を整える

前足にやや重心を乗せ、腰を回して中段外受

半身から正面への腰の動きに注意

正面姿勢となりながら中段に逆突

その他の受け技で行う連続技のバリエーション

LEVEL.4

基本コンビネーション

受けから突き②

中段外受から逆突

受けの際にしっかりと引き手を引き、突きの準備をする

後ろ足で腰を押し込むイメージ

逆突が極まる

前進した後は後退の動きへ

体重を後ろ足に乗せ、引き手を前にかざす

足を後ろに引き、受け手は顔の横へ

運足との連動で破壊力を高める

ここでは、上段揚受以外の受け技から繰り出すコンビネーションを見ていこう。技の威力を高めるには、運足・腰・上半身・腕の連動性が非常に重要となるが、コンビネーションでは、技と技のつながりの連動性も忘れてはならない。受けから突きを出す場合は、受けを決めた姿勢がそのまま突きを出すための準備段階になっているのだ。

Point

受けから突きは、組手でもっとも活用するコンビネーションだ。この受けから突きの連続技をスムーズに出せるようになれば、組手の技術も飛躍的にアップする。

中段内受から逆突

前進

同じく前屈立・逆突の構えからスタート

腰の高さを保ったまま前足に体重を乗せる

足を前に出し、半身に動く受けの動作

後ろ足で踏ん張り中段内受

上半身を正面に向けながら突きの動作

立ち方・引き手・突きの形がしっかりと極まる

中段内受から逆突

後退

引き続き後退の動きを練習

後ろ足に体重移動

足を移動しながら受けの準備に入っている

受けの姿勢が突きの準備姿勢となる

腰を逆に回し半身から正面へ

逆突が極まる

前進

下段払から逆突

前屈立・逆突の構えからスタート

右手を前方に構え、受け手を顔の横に

ここではまだ体重が後ろ足に残っている

一気に体重を前に移動しながら受けを極める

後ろ足は床をしっかりと踏みしめる

正面姿勢で中段に逆突

後退

下段払から逆突

そのまま後退での練習に

両足の間に置いた重心を後ろ足に移動

足を移動しながら受けの準備

受け手の位置に注意し、引き手は腰に引きつける

後ろ足で腰を押し込むと回しやすい

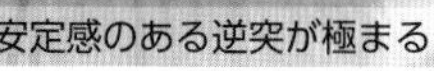

安定感のある逆突が極まる

1 後屈立・手刀受の構え

2 体重を前足に移動しながら足を引きつける動作

3 足を踏み出し、半身となって手刀受

4 前足を前屈立の位置に踏み出す動き

半身で手刀を構える

足を引きつけた時点で受けの準備が整っている

正面から半身に回転する運動を使って手刀受を出す

前から見ると前足を外側に踏み出しているのがわかる

後屈立の受けから貫手につなげる連続技

手刀受から貫手（後退）

体重を後ろ足に移し、受けの準備

そのまま足を移動、腰を回して手刀受

前足を前屈立の位置に踏み出す

後ろ足で腰を押し出し、半身から正面へ

貫手で相手の水月（ミゾオチ）を突く

5 前方に体重移動

6 体を正面に回し貫手を真っ直ぐ突き出す

5 前足に体重をかけながら前屈立に変化

6 貫手を体の中心に向かって出す

後屈立からの前屈立への体重移動が決め手となる

手刀受の立ち方は後屈立だが、貫手は前屈立で行う。そのため、後屈立から前屈立への体重移動が重要となる。

また手刀受は、指先をそろえた形だが、そのままの形で突きを出すと貫手という技となる。ここでは、受けから突きのコンビネーションと新しい突き技について紹介しよう。

貫手とは

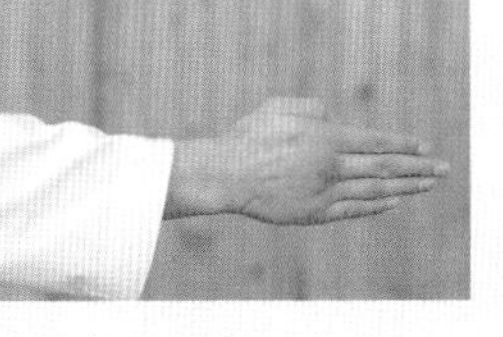

4本の指をそろえ、指先を武器として相手を攻撃する突き技。手刀と同じ手の形をしていることから、手刀受と組み合わせたコンビネーションに使用される。手刀受と同様、親指はしっかりと曲げ、その他の4本の指をそろえ、力を込める。指が広がるとケガをしやすいので注意。

受け技を挟まない攻撃的なコンビネーション

LEVEL.4
基本コンビネーション
突きから突き①

横

上段順突(正面)から中段逆突、中段順突の三本突

1 突き手(一撃目)を腰にそえた前屈立の構え(半身)

2 後ろ足を引きつけ前方に重心移動

3 足を前に踏み込みながら上段に順突(正面姿勢)を極める

前

1 前屈立で半身となり下段払の構え

2 後ろ足の移動とともに突きの動作に入る

正面

3 上段順突が極まった形

LEVEL.4 突きから突き①

4 そのままの立ち方で、今度は逆の手で突きを出す

5 上体を正面に向けたまま逆突

6 さらに突き手を引き、もう一度逆の手で突きの動作

7 後ろ足でしっかりと支え中段に順突

4 突き手をすばやく引き、腰を押す

5 引き手がしっかりと腰に引かれ、次の準備動作ができている

6 突き手を変え、再び順突へ

7 三段目の中段順突が極まった形

相手の受けに対し突きでたたみ掛ける

突きから突きのコンビネーションは、相手に反撃の余地を与えずに攻撃する方法だ。レベル2の逆突・刻突（P52～53参照）の応用として、一撃目に破壊力の大きい順突を用いることで、相手の受けの形を崩すことができれば、二撃目・三撃目を相手に極めることができる。

ここでは上段順突（正面）→逆突→中段順突の三本突のコンビネーションを解説しているが、順突と逆突の基本の動作の動作は、レベル1で取り上げた直突だ。つまり、直突一つを運足や半身・正面の動きと組み合わせるだけでも、様々なバリエーションにふくらむのだ。このように、空手のコンビネーションとは基礎の技をしっかりと極めることが、攻撃の幅を広げることにつながる。それぞれの技を磨き、効果的な連続技を身につけよう。

腰を回し半身となっての上段順突

ここまでの動きは前項と変わらない

半身の状態で上段順突が極まった形

やや間合いの広い突き技のコンビネーション

突きから突き②

4 突き手の引き戻しと同じくすばやく腰を回転させる

5 上体を正面に向け逆突

6 ここも前項と同じ動きとなる

一連の動きはスピードが大切

腰の回転と引き手のスピードに特に注意しよう

腰の使い方がさらに重要に

この項では、前項で紹介した三本突の上段順突を今度は半身で行う。半身は、攻撃で使うことで、相手との間合いをつめる効果がある。ただし、半身での攻撃は深く体を回すことになるので、逆に技を出した後の引き戻しが重要になる。腰の回転とスピードを意識しよう。

Point

半身の順突では、腰を回転させた分だけ突いた腕が伸びる。正面の順突とは、相手との間合いに差が出る。

新しい技を覚えて型のレベルアップ

挙動1～3

- 右後屈立、左背腕左側面上段横受、右前腕額前横構
- 右後屈立、左上段外流し受、右拳槌左側外回し打
- 右後屈立、左拳左側面中段突、右拳右腰

Point ヒジの位置に注意

1 自然体（始めの構え）からすばやく動く

2 左の拳を右肩の前に引き、左手で円を描きながら外回し打

3 ②から③の動きはテンポよく

挙動7～8

- 左脚立、両拳左腰横、右足裏左膝横、右裏拳上段横回し打、右足刀中段横蹴蹴上
- 右後屈立、左手刀中段受

1 挙動6（中段突）の構え

2 左足を半歩引き寄せ、左足を中心にして後方に裏拳と蹴上を極める

3 足の着地とともに手刀受を極める

裏拳とは

ここで登場する裏拳とは、顔面や脇腹をめがけ、手の甲を使って打ち込む打撃技。ヒジ関節の動きを利用して縦や横の動きがあり、間合いが近い場合などに有効的な攻撃だ。

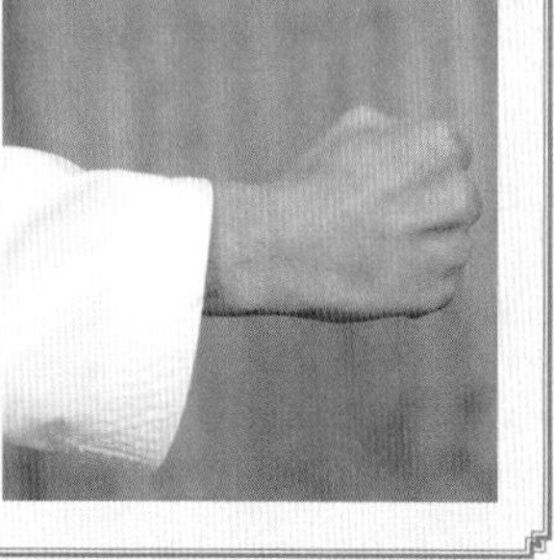

挙動16

●左脚前屈、逆半身、右中段内受

4 3 2 1

中段内受の準備動作から腰を逆半身に回して受ける

手刀受の構えから左足を左に移し逆半身へ

Point
逆半身

挙動22

●右前屈立、右中段諸手受

4 3 2 1

Point
諸手受

両手で受ける特殊な動き

左手と右手は左の腰からスタートする

挙動2～3
●閉足立、右中段内受、左下段受
●閉足立、左中段内受、右下段受

挙動9
●騎馬立、左拳槌中段内回し打、右拳右腰

複雑な両手の動きが増える平安三段

LEVEL.4
基本コンビネーション
平安三段

挙動12～13
●右足踏込み、騎馬立、右振り猿臂
●騎馬立、右裏拳右側面縦回し打

縦に回す勢いを利用して右腕を引き戻し、腰に構える

ヒジのスナップを使い縦に回しての縦裏拳

足を踏み出し騎馬立となってヒジを振る

Point
踏み込むための武器をつくる

両手を腰に構えヒジを張る

後方突上げ

後方の相手に対する突き。この際、手の甲が上向きなのは、リーチが足りなかった時に貫手にして目つぶしなどをするため。

挙動19～20
●騎馬立、右拳左肩上後方突上げ、左後猿臂
●騎馬立、右へ寄足、左拳右肩上後方突上げ、右後猿臂、"気合"

右に寄足し、両手を入れ替えて同じ動きで最後に気合を入れる

今度は右足を軸に体を回転させて右手を突上げ、左のヒジで後ろに攻撃

左足を軸にして右足を右方向に踏み出す

空手の流派2

糸東流と和道流

首里手の大家・糸洲安恒について糸洲派を学び、後に那覇手の大家・東恩納寛量に東恩納派を学んだ摩文仁賢和が開いたのが糸東流です。摩文仁賢和は首里手、那覇手以外にも松村派、新垣派などの各派を修め、地方に隠れた形・技法についても模索しつづけ、琉球古武道の棒術なども学びました。

それら全ての技術と精神が融合された糸東流は突き技や蹴り技だけでなく、投げ技や関節技といった技術も含んでいるため、総合武道的な特徴をもっています。

最初の道場である養秀館が大阪で開かれたのは昭和9（1934）年で、以降、糸洲、東恩納両師の頭文字を取って「糸東流」と命名され、日本はもとより世界へと広がり続けています。

一方、神道揚心流柔術の免許皆伝を受けた一流の柔道家・大塚博紀が開いたのが和道流です。

大塚博紀は大正11（1922）年から船越義珍に琉球唐手を学びはじめ、その後、柳生新陰流など古流剣術の体さばきなども加えて独自の流派を完成させました。

昭和9（1934）年に大日本空手振興倶楽部を設立し、昭和14（1939）年に和道流と命名。その流派名には大塚博紀自身の墓碑にも刻まれている「武の道は　ただあら事と　な思ひそ　和の道究め　和を求む道」との思いが込められています。

ちなみに、大塚博紀は神道揚心流柔術を母体に空手や柔道諸流の特長を加えた和道流柔術拳法も創始していて、この柔術拳法は和道流空手道の有段者のみに伝授されています。

糸東流の開祖・摩文仁賢和師
(1938年発行『空手道大観』より)

レベル5 LEVEL.5

応用技
応用コンビネーション

レベル5でやるべきこと

複雑なコンビネーションも基本の技と基本動作の組み合わせだ！

基本技と基本の動きを体感したら……

蹴り

突き

受け

体の外から回す豪快な蹴り技と切れ味鋭い"足の刀"

難度の高い蹴り技へ

体の外側から足を回し、相手の側面を攻撃する廻蹴は、空手の技の中でも、ひときわ豪快な技の一つだ。ただし、つい見落としがちだが、この廻蹴でもっとも重要な点は、蹴り足よりむしろ軸足にある。

前屈立からの廻蹴 P114へ

前屈立からの横蹴込は、力の方向と体の向きが違うため、体のコントロールが非常に難しい。前屈立からの横蹴込は蹴りの軌道が真っ直ぐになるよう気をつけよう。

前屈立からの横蹴込 P116へ

蹴り技を使ったコンビネーションを学ぶ

鉄騎初段

鉄騎初段は、主に騎馬立を使う技で構成された型。立ち方の強さと安定感が重要だ。

P136へ

平安四段

平安四段は、複雑な動作がいくつも登場する。特に手足同時の緩急が大切だ。

P128へ

基本一本組手

基本一本組手は、間合いと受け極めの関連性を学ぶのに効果的な練習法だ。

P140へ

平安五段

平安五段は、後屈立での突きや、交叉受、三日月蹴など新しい技が登場する。

P130へ

難度の高いコンビネーションへ

中段外受から猿臂

中段外受から猿臂へのコンビネーションで注意すべき点は、受けの立ち方と、攻撃の立ち方が異なっている点だ。

P124へ

前蹴から順突

前蹴から順突は、引き足をすばやくとり、前屈立と順突が同時に極まるように。

P118へ

中段前蹴から上段前蹴

蹴り技から蹴り技へのコンビネーションは、"連蹴"(れんげり)と呼ばれる。蹴りの連携が大切だ。

P126へ

廻蹴・横蹴込から逆突

廻蹴や横蹴込からの逆突は、軸足の使い方と引き足が重要だ。

P120へ

軸足の使い方が連続技の威力を決める

レベル4では、主に手技を使用したコンビネーションを紹介したが、レベル5では、足技を絡めたコンビネーションを紹介しよう。足技は、下半身が安定していないと、それだけで不十分な技となり、連続技においては、その後に出そうとする技にも大きく影響する。まずは下半身、特に軸足の安定感が大切だ。

さらに、蹴り技からのコンビネーションでは、蹴り足の引き戻し(引き足)も大きなポイントとなる。技のつなぎ目に隙をつくらないようにするには、この引き足をしっかり行うことが特に重要だ。

また、このレベル5では、平安四段・五段と、騎馬立で構成される鉄騎初段が登場する。そして、間合いと受け極めの関連性を学ぶ基本一本組手にも取り組んでみよう。

LEVEL.5

応用技・応用コンビネーション

前屈立からの廻蹴（まわしげり）

相手の側面を狙う難易度の高い足技

前

不必要な力を省き、リラックスして前屈立・半身の構えとなる

後ろ足を引きつけながらヒザを体の脇に上げる

足ではなくヒザを回すイメージが大切

腰の勢いを利用してヒザを伸ばし蹴り込む

横

ヒザを折りたたみ、ヒザ頭で円を描く

上半身は腹筋でしっかりと支える

蹴りの勢いに負けないようしっかりとバランスを保つ

廻蹴とは

廻蹴は、相手の側面や首筋、脇腹などを狙う蹴り技の一つ。蹴り足を外側に振り回すようにしながら、ヒザをムチのようにしならせる威力の高い蹴り技だ。体の外側から蹴るため、相手にとっては視界の外側から飛び込んでくる感覚になる。

蹴った後は蹴り足の勢いをコントロールし、すばやく引き戻す

6

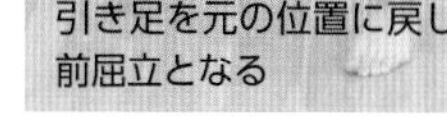

引き足を元の位置に戻し前屈立となる

蹴り出す時と同じ軌道で足を引く

×NG

上体が後ろに傾く

上体が後ろにのけぞると、体のバランスを崩しやすくなる。さらに元の姿勢に戻すのに時間がかかり隙が生まれる。そうならないためには、上体を直立させることが大切だ。

×NG

つま先が上を向く

これでは、相手に蹴りが当たった時、足首がねじれ衝撃力が分散されてしまう。つま先は、廻す方向に向け、蹴る部位は足の指の付け根の裏（虎趾）と覚えておこう。

軸足の回転をスナップにつなげる

廻蹴は、非常に破壊力が大きい反面、足や腰を回しすぎると体全体が回転し、相手に背中を向けることになってしまうので注意が必要だ。

また、足を大きく上げるため、その反動で上半身のバランスも崩しやすい。しっかりと上半身を支えることが威力のある蹴りにつながる。

遠い間合いに効果的なスピードある直線の蹴り

LEVEL.5 応用技・応用コンビネーション

前屈立からの横蹴込

前屈立の構えからヒザを抱える動作

蹴り出す前はヒザを高く上げ体を横に向ける

蹴込が極まった形。足に隠れるほど体がほぼ真横となる

前屈立の状態から前足に体重を移動し、ヒザを抱える

ヒザを伸ばし、蹴り込む動作

ヒザを一気に伸ばすことで蹴りの威力が増す

Point

蹴りの軌道は、蹴り出す前の形（右の写真）と引き戻した後の形（左の写真）がほぼ同じになる。このように蹴りの軌道は、蹴り足も引き足も同じ軌道を通ることが大切である。

5 蹴り出す時と同じ軌道で足を引き戻す

6 前屈立になり、元の姿勢に戻る

5 引き足の動きに合わせ、上半身を回し前屈立へ

6

上半身が覆いかぶさる

上半身が前にかぶさるようになると、蹴りの軌道が低くなり、また腰が引けてしまうので足の長さを活かしきれなくなる。腰はしっかりと前に押し出し、それを腹筋で支えるのが理想だ。

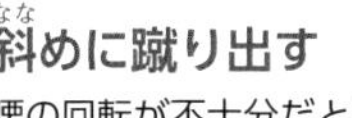

斜めに蹴り出す

腰の回転が不十分だと蹴りが斜めの方向に出る。この場合も、足のリーチを十分に活かしきれていない。腰を正しく使うという意識は、すべての技に共通する重要事項だ。

股関節を柔らかく使い足のリーチを活かす

横蹴込は、股関節を開きヒザを十分に伸ばすと、間合いが遠い場合に対しても十分効果の高い技である。

横蹴込はヒザを抱えてから一直線に蹴り出す。体のコントロールが難しいので、軸足と上半身を安定させ、蹴りの軌道に注意しよう。

ヒザを胸に引きつけるように高く上げて蹴りを出す

重心移動と後ろ足（蹴り足）の抱え込み動作

ヒザを高く抱え、腰を押し出して蹴り込む

軸足で体のバランスをしっかり支える

蹴りから突きへのコンビネーション

Point

足を引き戻す間が突きの準備動作になる。蹴りが極まった瞬間（写真右）には次の突きの動作に入っている。引き足は、速く正しく引くことが大切だ。

蹴り足を一旦、引き戻してから順突

Point

軸足のヒザには余裕をもたせる。そうすることで床を押す力が加わり、突きの威力が増す。

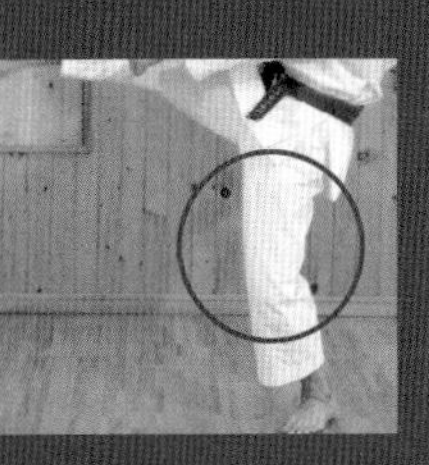

重心を前に移動しながら再度腰を押し出して順突となる

蹴り足の引き戻しが突きの準備動作となる

ここでは、蹴り足を絡めたコンビネーションを見ていこう。蹴りの動きは、受けや突きなどの手技と違って、動作が大きいため、隙ができないよう、抱え込みをすばやくとることが大切だ。

また、個別の技では、技を出してから引き戻すまでが一連の動作となるが、コンビネーションでは、前の技の引き戻しが、次の技の動き出しとなる。前蹴など蹴りからのコンビネーションの場合では、蹴った足を引き戻す"引き足"の動作が突きの準備動作となる。

引き足が不充分だと、体のバランスを崩しやすくなり、突きの準備もできなくなる。これは突きの威力を落とす原因となるので充分に気をつけよう。

体の側面にヒザを抱え込む

廻蹴とは違い、体の正面方向にヒザを抱える

多彩な蹴り技からのコンビネーション

LEVEL.5
応用技・応用コンビネーション

廻蹴・横蹴込から逆突

6
半身から正面の動き、着地、突き手（逆突）を連動させる

5

4
蹴り出しと引き戻しはヒザ関節の伸縮で行う

6
足の着地から逆突を出す

5

4
真っ直ぐに蹴り出し、同じ軌道でヒザをたたむ

蹴り技のバランスと引き足が大事

ここでは、廻蹴や横蹴込から突きを出す連続技のバリエーションを見てみよう。動作の大きい蹴り技から蹴り足を引き、すばやく前屈立になるのがポイントだ。また軸足を安定させることも重要で、軸足がぐらつくようだと、相手の返し技を受けた際に、とっさに反応できなくなる。

3
2
1

横

廻蹴から逆突

3
2
1

横

横蹴込から逆突

ヒザを伸ばし直線的に蹴る

ヒザを体の正面方向に高く抱える

LEVEL.5 廻蹴・横蹴込から逆突

4 軸足と上半身を安定させることが次の技にすばやくつなげるポイント

6 引き戻した足を前方に下ろし、腰を回転させて突きを出す

4 足を引き戻しながら突きの準備に入る

6 腰を半身から正面に回す動きに合わせ逆突き

間合いの狭い場合にヒジを使う連続技

LEVEL.5

応用技・応用コンビネーション

中段外受から猿臂(えんぴ)

2 構えから中段外受の準備動作

正面から半身に腰を回す動きに腕を合わせる

前屈立から前に進んでの中段外受

ここまでの動きは、受けだけの時と変わらない

猿臂とは

いわゆるヒジ打ちのこと。女性や子供などのように力がなくても、非常に効果的な攻撃を繰り出せる技だ。横方向だけではなく、縦方向などにも使うことができ、間合いの狭い時に有利となる。

6　5

前屈立から騎馬立になり猿臂

6　5

Point

組手では、このコンビネーションを、間合いをつめて攻撃することに活用できる。また、猿臂は受け技としても活用することができる。意表をつかれた攻撃には、とっさにヒジを出して防ぐのだ。平安三段（P108～109）の挙動12（写真上）にはヒジを使う技が組み込まれているので、型の動きをおさらいしながら、ヒジでの防御も覚えておこう。

前屈立から騎馬立に立ち方を変える

接近戦で相手との間合いが近い場合、相手の懐（ふところ）に入り込む時は、拳ではなく、リーチの短いヒジで攻撃するのが効果的だ。

ヒジは人間の体の中でももっとも硬い部分の一つで、動きは小さいが、そのわりに非力な人でも大きな破壊力を出せる、非常に効果的な攻撃方法だ。

引き足をすばやく引きつける

抱え込みをすばやくとる

蹴りのつなぎの速さを学ぶコンビネーション

LEVEL.5

応用技・応用コンビネーション

中段前蹴から上段前蹴

LEVEL.5 中段前蹴から上段前蹴

前

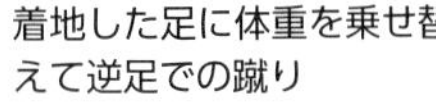
着地した足に体重を乗せ替えて逆足での蹴り

8

ここでも引き足をしっかりとり、前屈立の構えへ

蹴りと蹴りをすばやくつなぐ鍛錬に

ここで足技のコンビネーションを紹介しよう。蹴りは、間合いの遠い相手に対し効果的な攻撃だが、それを連続で行うことで、一気に間合いをつめることができる。

ただし、実践で蹴り技を連続的に出すことは難しい。ここでは、蹴り足をすばやく引き、さらに蹴りを出すという難しいコンビネーションを学ぶための鍛錬と考えよう。

Point

やはり、ここでもヒザの抱え込みに注意しよう。足を蹴り出す前、また蹴り出した後のこの動作をおろそかにすると、相手に反撃のチャンスを与えることになる。

挙動1～2

●右後屈立、左背腕左側面上段横受、右前腕額前横構
●左後屈立、右背腕右側面上段横受、左前腕額前横構

右手を額の前に構え、左手で受ける動き

Point
手足同時に極める

重心を左足に移し、両手をそのまま腰の位置まで下ろす

左右の動きを対照的に行う

挙動3

●左前屈立、下段交叉受

挙動2の最後の形から両手を右肩に構える

右足に体重をかけ、左足を前に

Point
右肩前に構える

前屈立となって両手を交叉させて下段攻撃を受ける

難しい交叉立を絡めた中級レベルの型

LEVEL.5
応用技・応用コンビネーション

平安四段

挙動11～13

●左膝屈、左手刀左方下段払い左掌上段受、右手刀上段外回し打
●左脚立、右上段前蹴蹴上
●右足前交叉立、右裏拳縦回し打、左拳左腰、"気合"

Point
顔の前で小さな円を描いて裏拳

5 左足を右足に引きつけながら裏拳を打つ

4 蹴り足を一旦引き戻してから一歩前に下ろす

3 上半身の形はそのままにして右足で前蹴

2 足の位置はそのまま。腰を左に回し右手を大きく回しながら打ち込む。左手は下から回して額の上にかざす

挙動25～26

●左脚立、右膝槌、両拳右膝両側、"気合"
●右後屈立、左手刀中段受

5 振り返りながら左の手刀で受ける

4 右足を前に下ろし左回りで振り返る

3 捕まえた相手にヒザで攻撃

2 写真1の構えから両手を前に突き出し、相手を捕まえる動き

難しい蹴り技が含まれる平安型の集大成

挙動1～3
●右後屈立、左側面左中段内受
●右後屈立、右中段逆突
●閉足立、左前腕水流れの構え

自然体から左方向に足を踏み出し、後屈立で中段内受

Point 後屈立の逆突

そのまま逆突までの動きをすばやく行う

左足を軸にして右足を引きつける

前腕を水月（ミゾオチ）の高さに置いた水流れの構え

LEVEL.5
応用技・応用コンビネーション
平安五段

挙動9～12
●左前屈立、開掌上段交叉受
●左前屈立、両掌十字中段押え受
●左前屈立、左拳中段突、右拳右腰
●右前屈立、右中段順突(追突)、"気合"

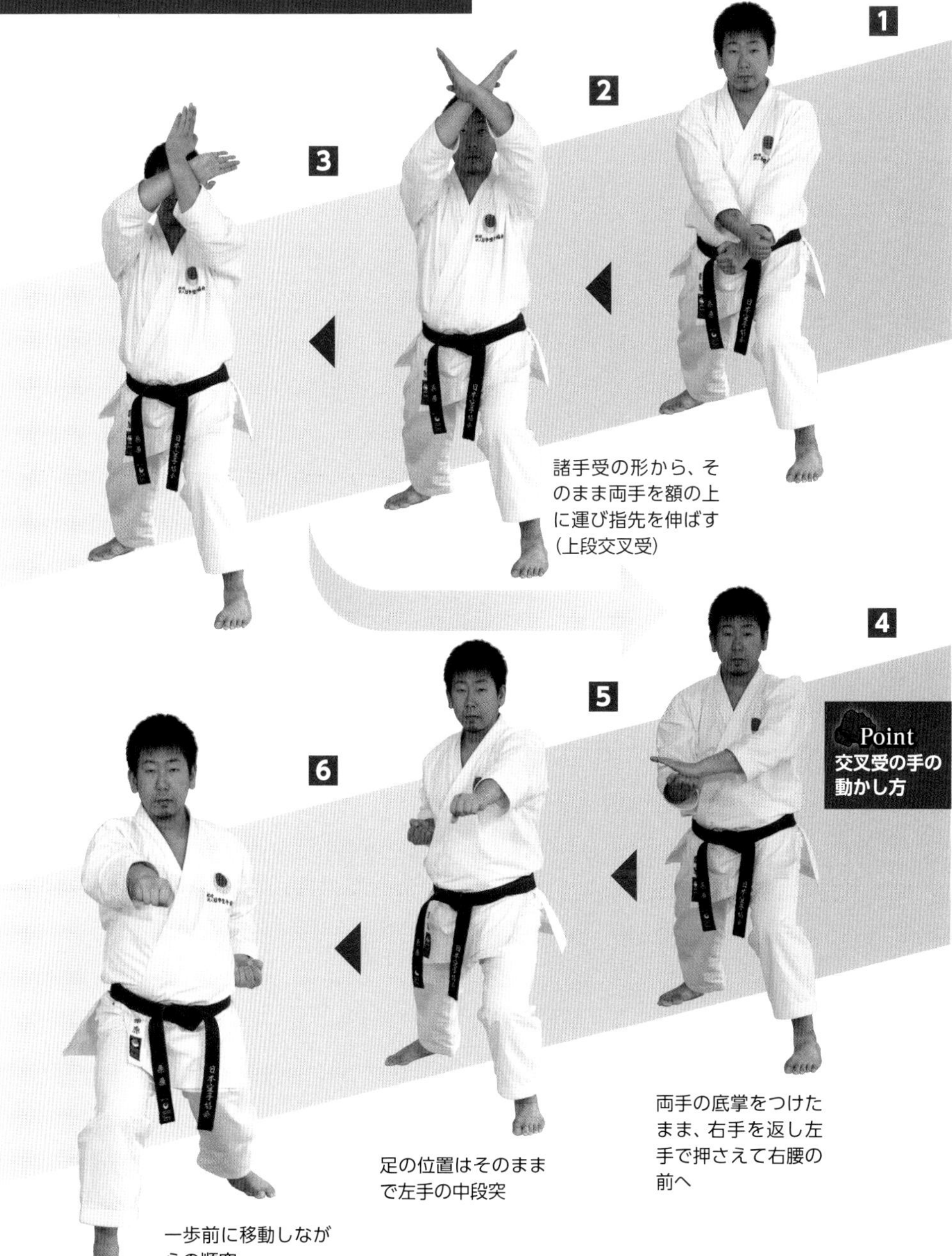

諸手受の形から、そのまま両手を額の上に運び指先を伸ばす(上段交叉受)

両手の底掌をつけたまま、右手を返し左手で押さえて右腰の前へ

足の位置はそのままで左手の中段突

一歩前に移動しながらの順突

挙動15～16
●左脚立、左掌に右中段三日月蹴
●騎馬立、左掌に右前猿臂

1

2

3

Point
三日月蹴

自分の手のひらに三日月蹴を蹴り込む

4 体の向きを変え騎馬立へ

5 自分の手のひらに右手のヒジを打ち込む

挙動19
●"気合"、飛込み、右足前交叉立ち、下段交叉受

1

2  写真1の構えから左足を踏み出す

3 飛び上がり、ヒザをたたんで下段への攻撃をかわす

3 別角度

4 交叉立で着地し、さらに両手を交叉して受ける

5 Point ヒザを開かない

1
2
3
挙動20の諸
手受の構え
両手を開き、左手
を体の後ろ側へ

挙動21

●左脚前屈、左掌上段流し受、右手刀下段打込み、右後屈立、右側面上段内受、左側面下段受

上体を左回転させ、左手を右肩に流して受けながら、右手で下段に手刀を打ち込む

後屈立となり右手で上段、左手で下段に受ける

攻撃も防御も騎馬立がメインとなる型

挙動6
●騎馬立、左拳左腰、右拳鉤突

1 騎馬立での左下段の構え

2 足はそのままで左手を引き右手で突きの動き

3 ヒジを直角に曲げ胸の前で突きを極める鉤突

Point 鉤突

挙動9

●騎馬立、左背腕上段内流し受、右下段受、左裏拳上段打、右前腕胸前水平構

騎馬立で正面に中段内受の構え（挙動8の終わりの形）

両手を体の正面で交叉し、左手を横に流す受け

右腕を水月（ミゾオチ）の前に水平に構え左の拳で裏拳を出す

挙動11〜13
●騎馬立、左足波返（なみがえ）し、左前腕左側面中段受
●騎馬立、顔右向
●騎馬立、右足波返し、左前腕右側面中段受

1

2

足で受け流す波返し。足の裏はできるだけ上に向ける

3

足を元の位置に戻し、側面での中段受

挙動15
●騎馬立、左拳左側面中段突、右拳鉤突、"気合"

1

両手を右腰に構えた形

2

両手で自分の左側を突く動き

Point
2 4 波返し

5

上体の形は保ったまま、腰をひねり側面での受け

4

今度は逆方向での波返し

Point
両手で突く

4

左手は真っ直ぐに中段突に伸ばし、右手は鉤突

3

基本一本組手

LEVEL.5

応用技・応用コンビネーション

間合いと集中力を養い、受け極めの関連性を学ぶ

一撃で相手を倒すのが空手の真髄

基本一本組手は、攻撃側は一回のみの攻撃を行い、受け手側も、一回だけ受けた後に返し技を出す。

空手は、たった一撃でも相手を戦闘不能にすることができる。そのため、その一瞬に力を出し切れるかどうかが勝負を分けることになるので、集中力を養うことも大切だ。

礼をした後、攻撃側は右足を下げて下段払の構えに。基本一本組手はここから始める

攻 上段順突　**受** 上段揚受から逆突

まず攻撃側が構える。受け側は攻撃のタイミングに合わせて受けを出し反撃する

攻 中段順突　**受** 中段外受から逆突

受け極めはすばやく行う。手首・足首を受けるのが基本だ

攻 廻蹴
受 上段内受から逆突

廻蹴は体の側面を狙う蹴り技。受け側は蹴りの軌道に腕を入れて防ぐ

攻 蹴込
受 中段外受から逆突

蹴り技への受けは、相手のヒザが伸びきる瞬間を狙うように心がけよう

攻 前蹴
受 下段払から逆突

下段払は、受けの瞬間にしっかり力を込めないと蹴りに弾かれるので注意

攻 中段順突
受 手刀受からの貫手

手刀受は、相手の攻撃を斜めに受けて、攻撃の勢いを流すようにする

攻 中段順突
受 中段外受から猿臂

ヒジで攻撃する際は、一歩踏み込んで相手との間合いをつめる

攻 上段順突
受 上段揚受から前蹴

上段への攻撃は体の正面に隙ができる。受け側はその隙を狙って攻撃しよう

空手道とは何か？

道場は人間性を鍛える場所

空手の歴史2（p62）でも触れたとおり、空手は、技を鍛える武術としての唐手術から、人格形成を目的とした武道・空手道に姿を変え、今日に至っています。

では、その空手道が目指している"道"とは一体なんなのでしょうか？

空手の"道"とは、克己、利他、内省であると説かれています。克己とは、己の心に打ち克つことであり、利他とは、人のためになり、人の役にたつという意味、そして克己と利他を実現するためには、内省、つまり反省することが必要だという考え方です。

そして、この道を極めるための場所が"道場"です。近年は、体を動かすことを目的とした道場が増えてはいますが、本来は、単なる肉体鍛錬の場所ではなく、克己、利他、内省を極める場所。ですから、それぞれの道場には、道を極めるための教え・道場訓が唱えられているのです。

たとえば、日本空手協会では、次のような指針を道場訓として揚げています。

一・人格完成に努むること
二・誠（まこと）の道を守ること
三・努力の精神を養うこと
四・礼儀を重んずること
五・血気の勇を戒むること

こうして偉大な先人たちに訓示された道場訓を守りつつ、汗を流して肉体を鍛錬することを通して人間性を磨く。これこそが空手道の「道」たる所以（ゆえん）なのです。

レベル6

LEVEL.6

より高度な型と組手

レベル6にあたって

上級レベルの型を覚え新しい技の使い方を学ぶ

レベル6でやるべきこと

連続技の鍛錬で一発の重みを体感したら……

技のコンビネーションを習得し型の動作を磨く

さらに高度な型に挑戦する

抜塞（大）は、敵の城塞を打ち破るような気魄を込めた型だ。型の内容を理解した上級者が演じれば、すさまじい迫力がみなぎるのもこの型の特徴だ。また、この型には、相手の突きを左右の手で二度受けるという難しい動作や、山突など新しい技が登場する。

抜塞（大）　P146へ

観空（大）は、日本空手協会を代表する型で、65の挙動で構成された内容は、これまでに登場した型と比べても、より多くの変化に富んでいる。"観空"とは、空を仰ぎ見るという意味で、一番初めの挙動１から２にかけての動きが型の名前の由来となっている。

観空（大）　P152へ

自由一本組手で一撃必殺を体感

自由一本組手は、技を仕掛ける間合いとタイミングを自由にとり、攻撃側は一撃必殺を、受け手側は受け極めの極意を学ぶ、まさに空手の究極目標ともいえる組手だ。

自由一本組手①

P170へ

自由一本組手で、攻撃を仕掛ける場合は、相手に読まれないタイミングで技を出すことが重要だ。逆に、受け手側は、とっさの動きにも柔軟に対応できる準備が大切である。

自由一本組手②

P174へ

技のつなぎや緩急、リズムを意識した型に

燕飛は、ツバメのようなすばやい切り返しが特徴の型だ。中でも、もっとも特徴的な挙動６から９の動きは、何度も繰り返されており、軽やかな身のこなしと、スピード感あふれる型を展開している。

燕飛（えんぴ）

P158へ

慈恩は、仏のような穏やかな動きと、一転して激しい攻撃の動作が特徴の型だ。スピードの緩急を使い分けることが大切で、めまぐるしく変化する動きを、時にはゆったりと、時には迅速に行う。また、この慈恩も、両手同時、手足同時の動きが頻繁に登場する。

慈恩（じおん）

P164へ

「型の三要諦」を意識してみる

レベル６では、抜塞（大）、観空（大）、燕飛、慈恩の型を紹介している。これらの型を覚えるには、これまでに取り上げた平安型と鉄騎初段を充分に習得しておく必要がある。型を上達させるには、力の強弱、技の緩急、体の伸縮（「型の三要諦（ようてい）」）を特に意識することが大切である。

また、ここでは、自分の身を守り、一撃で相手を倒すことを目的とした自由一本組手を学ぶ。護身術から生まれた空手のまさに真髄ともいえる組手だ。

基本一本組手との大きな違いは、間合いを自由にとり、自分のタイミングで技を仕掛けること。相手に自分の動きを読まれないよう瞬時に技を仕掛けることが大切で、逆に、受ける場合は、相手の動作を見抜く洞察力と、すばやい極め（返し技）を体得する必要がある。

敵の城塞（じょうさい）を打ち破る気魄（きはく）と力を込めた型

挙動1
●右足前交叉立、左掌添手右中段内受

1 右手を、左の手のひらで包むようにして構える

2 飛込むように右足を前に向って大きく踏み出す

3 左足を右足の後ろに引きつけ、右手首に左手をそえる

Point
出合い（カウンター）の心持ちで受ける

挙動2〜3
●左前屈立、左中段内受
●左前屈立、右中段内受

挙動1の写真③を後ろから見た形

左足を後ろに踏み出し、体を左方向に回転させる

半身となって左手で中段内受を極めた形

逆半身になり右中段内受

Point
相手の突きを二度受ける「受け替え」

写真1の形から、
右足を引いて横
に方向転換

右手を下から回し
肩の横に構える下
段すくい受

挙動17の手刀受の構えか
ら両手で相手をつかむ動き

相手をつかんだまま、
右足を抱え込む

挙動 6

●右前屈立、
右下段すくい受、
右中段外受

5 4

Point
1～5まで右足の
運足を止めない

振り上げた右手で
今度は中段外受

挙動 18 ～ 20

●左脚前屈、両掌中段つかみ受
●左脚立、両掌つかみ寄せ、右足刀下段蹴込、"気合"
●右後屈立、左手刀中段受

6 5 4

相手を引きつけながら、気合とともに足刀で蹴り込む

蹴り足を引き寄せ、後ろ足に体重を乗せ左手刀受

3

2

1

上体を前に傾けて入身になり、左手で上段、右手で下段の突きを出す山突

写真1から写真2の形は、立ち位置は変えずに体の向きを変える

8

7

6

右足を引き戻し、右腰に両手を構える

挙動33～35

●右脚前屈、
左拳上段・右拳下段・山突（やまつき）
●閉足立、両拳右腰構
●左脚前屈、
右拳上段・左拳下段・山突

5

4

Point　山突（左右）

両拳は一直線に

9

今度は左足を前に出し、
左右対称となる山突

観空（大）

空を仰ぎ見る動きと多彩な技のバリエーション

挙動1～2
●八字立、両手額前上
●八字立、両手下腹部前

1 下腹部の前で、左手の上に右手を軽く重ねる

2 ヒジを伸ばしたまま真っ直ぐに頭の上に腕を上げる

3 両手の指の間から空を仰ぎ見る

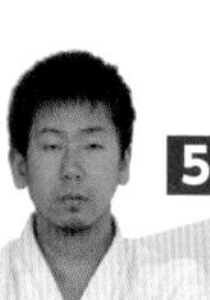

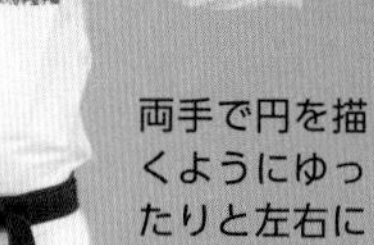

4 両手で円を描くようにゆったりと左右に開く

5 そのまま両手を動かし、左手のひらに右手刀を重ねる

Point
空を仰ぎ見る動き（型名の由来）

挙動16～20
- 左脚前屈、逆半身、左手刀後方下段払い
  左掌上段受、右手刀上段外回し打
- 左脚立、右上段前蹴蹴上
- 右後屈立、右側面上段内受、左側面下段受
- 左脚前屈、左掌上段流し受、右手刀下段打込み
- 左足前レの字立、左拳下段、右拳右腰

観空（大）の挙動16～20は複雑な手の動きが連続する。一連の動きのつながりに気をつけて、技の一つ一つをまずは見て覚え、動画で確認しよう。

2

1

腰を左に回して
後ろを振り返る

体を正面に回し逆の手（右手）でもう一度中段順突

挙動42～44
●左脚立、
　左掌添手右上段裏突、
　右膝槌
●右脚前屈、腕立て
●右後屈立（低め）、
　左手刀下段受、
　右手刀胸前構（低め）

挙動55～56
●騎馬立、
　左裏拳左側面上段縦回し打
●騎馬立、左へ寄足、
　左拳槌中段内回し打

2

1

Point
相手に逆らわない
動き

右手の方に
体を寄せる

右手を相手に取られ
てしまったと想定

Point
太ももを擦りながら拳を出す

5

4

3

体を起こし、重心を低く構えた後屈立で下段を受ける

体の真後ろからくる攻撃を腕立ての姿勢でかわす動き

右足のヒザを高く抱え込み右裏突

5

4

3

写真1の構えから左足で前蹴

挙動65

●"気合"、二段蹴、
右前屈立、
右裏拳縦回し打、
左拳左腰

勢いを利用しジャンプして
今度は右足での蹴り

4

5

着地をして体勢を整え、
右の裏拳でもう一度攻撃

ツバメのような すばやい動きの型

LEVEL. 6
より高度な型と組手
燕飛

挙動1～2
●右脚折敷、左膝立て、右前腕下段払い、左前腕水月前構
●八字立、両拳左腰構

礼の後は閉足立となり左手を腰の位置、右手を左の手のひらに当てる

3

4

Point
目線が斜め上

右手で下段を受け、左手は水月の前に構える

挙動２では、再び立ち上がり、やや広めの八の字立となる

挙動6～9

●左前屈立、右上段揚突

●右足前交叉立、右拳左肩前上、左拳下段突

●左膝屈、右下段払、左拳左腰

●左前屈立、左下段払

挙動6～9は、揚突という新しい技を絡めた難しい動作が連続する。攻撃を仕掛けた腕を相手に取られたため（写真6）、その切り返しに写真7の動きがある。攻撃と反撃、そしてまた攻撃と攻守がめまぐるしく変わっている。

1

2

3

4

5

6

7

8

9

右足を回すように高く抱え込み、右手は顔の前に上げる

2

1

挙動14～16
●騎馬立、
左掌左斜前上
●左脚立、
右手首左掌打"気合"
●騎馬立、
左縦手刀中段受、
右拳右腰

Point
脇腹に隙をつくり相手を誘う

2

1

挙動30～31
●左前屈立、
右底掌中段押上げ受、
左拳左腰
●右前屈立、
右底掌中段押上げ受、
左底掌中段押下げ受

左下段払の姿勢から右手の手のひらを上に向けゆっくりと上げる

5
4
3
右手を振り
上げてわざ
と隙をつく
り相手を誘
う動き
目線と顔の向き
は右手の手のひ
らを追う
6
前に出てきた相手
を中段の手刀で受
けて反撃する
4
3
右手を下から上に、
左手は上から下に
押さえつける
左足の半歩寄せ、体の向き
を右側に向ける方向転換

挙動34〜37
- 寄足気味に左後屈立、右拳下段構、左拳左腰
- 寄足、右足前不動立、右掌下段、左掌上段つかみ受
- "気合"、左回転飛、左後屈立、右手刀中段受
- 右後屈立、左手刀中段受

5 4

9 8 7

挙動34 ～ 37は、左手首を相手につかまれたと仮定し、下段に右手の拳を入れて振りほどく動き（写真1～3）。その相手を捕まえて投げ飛ばす（写真4～5）。その勢いでジャンプして回転し、最後に手刀受け（写真6～9）

挙動1
●右前屈立、右中段内受、左下段受

Point
ヒジと受け手の位置

1 閉足立となり、左手で右手を包むように構える

2

3 左足を後ろに引き、前屈立となる

4 右手で中段内受、左手で下段払を同時に行う

挙動23～25
●騎馬立、右底掌右側面中段横受、左拳左腰 ●騎馬立、左底掌左側面中段横受、右拳右腰
●騎馬立、右底掌右側面中段横受、左拳左腰

1

2 写真1の構えから前に一歩足を進めて騎馬立となって底掌で受ける

3 左右対称となる形を一つずつ繰り返す

4

穏やかな動きと激しい気魄を合わせた動き

挙動26〜27
●右後屈立、右側面上段内受、左側面下段受
●閉足立、左側面上段諸手受

左腕を上げ、右腕をそえて諸手受

1〜4の動きでは、体の向きを大きく回す方向転換が難しい。左足を一旦引きつけてから、大きく踏み出す足さばきに注意しよう。

挙動35～37
●右前屈立、
右裏拳上段打
●右前屈立、
左拳中段突受、
右拳右肩上構
●右前屈立、
右裏拳上段打、
左前腕胸前水平構

腕を胸の前で十字に交叉

挙動34の交叉受の構えから
体を半身にして右手での裏拳

挙動43～45
●右足踏込み、騎馬立、
右前腕右側面中段打落し、
左拳左腰
●左足踏込み、騎馬立、
左前腕左側面中段打落し、
右拳右腰
●右足踏込み、騎馬立、
右前腕右側面中段打落し、
左拳左腰

手と足を同時に打落し、
騎馬立となる

1の構えから右手右足を高く
引き上げる

7 6 5 4

左手を水平に構え、右の裏拳を出す

両手にて正面への攻撃をそれぞれ受ける

7 6 5 4

もう一度右から。テンポ良く連続させるのがポイントだ

体の向きを大きく方向転換する動き

挙動46～47
●騎馬立、左へ寄足、
右拳右乳前、
左拳左側面中段突
●騎馬立、右へ寄足、
左拳左乳前、
右拳右側面中段突、
"気合"

相手の手をつかみ引きつける

相手の脇腹に突きを極める

今度は左手で、右側の相手の
腕をつかむ

同じく相手を引き寄せて
中段に突き出す

LEVEL. 6 より高度な型と組手

自由一本組手①

自由な間合いとタイミングからの技の攻防

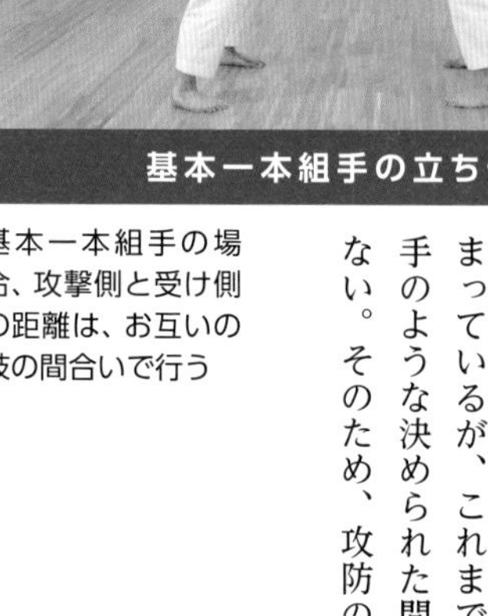

基本一本組手の立ち位置

基本一本組手の場合、攻撃側と受け側の距離は、お互いの技の間合いで行う

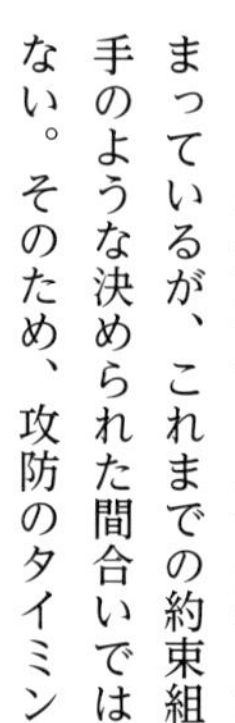

間合いのとり方やタイミングを学ぶ約束組手

自由一本組手は、攻撃技は決まっているが、これまでの約束組手のような決められた間合いではない。そのため、攻防のタイミングがこれまで以上に難しく、相手との駆け引きを学ぶことができる重要な練習方法だ。

自由一本組手では、一礼した後、攻撃側、受け側とも自由に構え、すばやく動けるように準備する。

自由一本組手の場合、攻撃側の踏み込みまでを含めた攻防による鍛錬のため、間合いは決まっていない

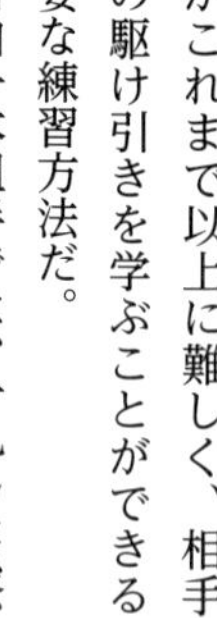

寄足は間合いをとるための運足

自由一本組手や自由組手では、これまでの立ち方・運足に加え、「寄足」という運足も用いる。

攻防において寄足を用いる場合、すばやい移動と安定した重心移動のため、摺り足が理想である。これらが不完全だと技の威力が半減してしまうので特に注意が必要だ。

攻 上段順突

受 上段揚受から逆突

上段順突を上段揚受で受け、逆突を極める基本的な組手の動きも間合いとタイミングが変わるだけで数段難しくなる。受け側は相手の動き出しをしっかりと見極めよう。

攻 前蹴

受 下段払から逆突

蹴り技は動作が大きいため、攻撃側はすばやい動きが大切だ。受け側は、蹴りという強い攻撃に対してしっかり受けるよう心がけよう。

攻 中段順突

受 中段外受から逆突

攻撃側は、自分の攻撃の間合いに入ったらすかさず攻撃する。踏込みが浅いと、受け側に楽に受けられてしまうので注意しよう。

攻 横蹴込

受 中段外受から逆突

横蹴込は、より遠い間合いからでも効果的な技だ。ただし、この蹴りは動作が大きくなるため、受け側にそこを突いて反撃されやすい。

自由一本組手は空手修行の究極的目標である

攻 廻蹴

受 中段外受から逆突

廻蹴は、受け側にとって体の外側から蹴り込まれる技だ。視界の外からくるので軌道を見極めるのは難しいが、その分、しっかり受ければ反撃のチャンスも大きい。

一撃で極めるための集中力が試される鍛錬

一撃必殺を目指す空手道にあって、自由一本組手は、一撃で倒す"極め""間合い""タイミング"を鍛錬する稽古体系と考えられてきた。

自由一本組手は、攻防ともに技を出す回数は一回だけで、間合い、タイミングは一定ではなく、常に変化する。お互いがその一撃に集中しなければ効果のある鍛錬とはいえない。

攻 前蹴

受 下段払から廻蹴

相手が遠い間合いから蹴りで攻撃してきた場合は、当然、受けから返しの間合いも遠くなる。そうしたケースでは、返し技に蹴りを使うことで効果的な攻撃となる。

攻 上段順突

受 手刀受から蹴込

後屈立で受けることにより、横蹴込のための間合いがしっかりとれていることに注目しよう。

Point

突きや蹴りの威力は、ヒジやヒザがキチンと伸びきっている瞬間がもっとも大きい。そのため、攻撃の効果を高めるには、自分の間合いをしっかりと理解しておくことが大切だ。

世界の空手

世界で尊(とうと)ばれる空手の精神

1935年に、船越義珍によって”唐手術“から”空手道“へと改称されたことをきっかけとして、爆発的な普及を成し遂げた空手。そして今日では、日本のみならず、世界150カ国を遥かに超える国々で、多くの人々に親しまれる武道になりました。

しかし、考えてみれば、発祥国の日本ですら日本全土に知れ渡ってからまだ100年も経っていません。それにも関わらず、それから先の数十年で、世界に知れ渡った空手。その普及のスピードは、他の武道やスポーツでは例を見ないほどの驚きの速さです。

今日でも、アメリカやブラジルなどの北南米大陸を始め、イギリス、イタリア、ドイツなどのヨーロッパ、また、エジプトやUAEなどアフリカ大陸や中東アジアには、多くの日本人指導員が派遣され、現地の人々を相手に熱心な指導と稽古が行われています。

そして、そこに集まる現地の人々は、ある者は肉体の鍛錬を目的とし、ある者は健康維持のために、そしてある者は武士道の精神を学ぶためにと、それぞれの目的をもっています。

また、空手のスタイルは、世界のどこでも、日本となんら変わるところはありません。たとえば、稽古の始まりは必ず正座。正座は日本古来の礼儀作法の一つですから、文化の違う人々には、多少なりとも違和感をともなうはずですが、実際には、その精神を歓迎するかのように、多くの人々が正座から真摯(しんし)に取り組んでいます。

これほどまでに空手が世界の人々に受け入れられたのは、やはりそこに根付いているのが、単に日本の文化というだけではない空手道の深い教えがあるからです。いわゆるスポーツとして空手を習うのではなく、道を極めるために生涯に渡って人格形成に取り組むその姿勢と精神には、洋の東西を問わず、大勢の人々が共感しているのです。

レベル7

LEVEL.7

自由組手

レベル7にあたって

自由組手で相手との駆け引きや実戦感覚を養う

レベル7でやるべきこと

「極め」の感覚がつかめてきたら…

空手の極意ともいえる"極め"は実戦の中で活かせてこそ本物

自由組手で実戦に挑戦

攻撃技は、相手が攻撃を出す前に、こちらから攻撃を仕掛ける方法だ。相手の体に隙を見つけた場合などは、思いきって飛び込み、一撃必殺の攻撃を極める。

攻撃技 P182へ

技を極めるためにどう動くべきか？
相手の胸を借りて鍛錬を積もう！

後の先は、相手に攻撃を出させてから、次の瞬間に反撃するという攻撃パターンだ。受け技に絶対の自信をもっている場合には、相手の攻撃を受けることで、自分を有利な状況にもっていくことができる。

後の先

P186へ

出合いは、相手の攻撃の動き出しを捉えて、逆にその瞬間に攻撃を仕掛けるという、いわばカウンター攻撃だ。両者とも攻撃態勢に入っているため、技が決まればその威力はまさに一撃必殺となる。

出合い・カウンター

P184へ

三つの攻撃パターンを使い分け 効果的な攻撃方法を組み立てる

自由組手は、実戦形式で技を出し合う稽古だ。相手との間合いを読み、攻撃と防御の駆け引きをしながら、技の熟練度をさらに高めることができる。自由組手には、大きく分けて、三つの攻撃パターンがある。一つは、相手が攻撃を仕掛けてくる前に、自分から技を繰り出す攻撃手段。

二つめは相手が攻撃を仕掛けてくるのを読み、その瞬間に攻撃を出す、出合い・カウンター。

三つめは、相手に先に攻撃させ、それを受けたり流したりした後に、自分の攻撃を仕掛ける〝後の先〟。

いずれの方法でも、相手の動きを読み、いざ攻撃を仕掛けると決めた時は、思いきって飛び込む勇気が必要だ。正確な技術と洞察力、そして精神力の三つを鍛えて、自由組手に取り組んでいこう。

攻撃技とは

自由組手には大きく三つの攻撃パターンがある。そのうちの一つが相手の攻撃の前に、自分から先に技を仕掛ける方法だ。もっとも効果的なタイミングは、相手が攻撃に意識をとらわれている時だ。隙がある時に相手よりも先に飛び込み、相手が技を出す前に、自分の技を極める。むやみに飛び込んでは、簡単に受けられてしまうため、技を仕掛けるタイミングを見極めよう。

効果的なタイミングをはかり、上段逆突を極める

(上) 躊躇のない果敢な飛込みで、相手のアゴを逆突で捉えた
(左) 一瞬の隙を見計らい、烈帛の気合で中段の蹴りを放つ

先手必勝を狙った迅速な攻撃パターン

LEVEL.7 自由組手 攻撃技

相手との間合いを計りながら、攻撃のタイミングを見極める

間合いを一気につめ、相手の上段に廻蹴で攻撃

相手の動きを観察し、攻撃のタイミングを読む

相手の攻撃の前に自分から技を仕掛ける

相手が動く前に自分から攻撃を仕掛ける

自由組手は、相手がどんな間合いやタイミングで攻撃を仕掛けてくるのかわからない。そのため、まずは相手の動きをつぶさに観察する集中力が重要だ。

そして、いざ攻撃を仕掛けると決断した時は、躊躇せず、飛び込むような勢いで間合いをつめ、一瞬で技を極める。攻撃を読まれないように、迅速なスピードが大切だ。

「攻撃技」動画収録リスト

- 上段順突
- 中段逆突
- 上段逆突
- 上段刻突
- 上段刻突→中段逆突
- 上段刻突→上段逆突
- 上段逆突→上段逆突
- 前蹴
- 中段廻蹴
- 上段廻蹴
- 前蹴→上段順突

出合いとは

相手が攻撃を仕掛けてくる瞬間、自らも同時に飛び込み、相手よりも先に技を極める攻撃パターン。相手の動きを観察し、どこを狙えばよいかを一瞬にして判断する洞察力と、相手のスピードを上回るすばやさが、もっとも重要となる。

攻撃に迷うと、タイミングが遅れ、相手の攻撃を受けることになってしまう。決断したらためらわず飛び込もう。

相手の攻撃の一瞬先を制し、カウンターで中段突を放つ

攻撃の腕をかいくぐり、右の中段突を打ち込んだ瞬間

相手の動き出しを捉えて攻撃する

LEVEL. 7

自由組手

出合い・カウンター

LEVEL.7 自由組手 出合い・カウンター

仕掛け：中段逆突　出合い：前蹴

相手の動き出しのタイミングに集中する

相手の飛び込みを狙って前蹴で攻撃

仕掛け：上段刻突　出合い：中段逆突

間合いと攻撃のタイミングを探る

相手の攻撃よりも速く逆突を極める

相手の動きを盗み一瞬の差で攻撃を極める

相手が攻撃を仕掛けてきた場合、攻撃の動作に一瞬の隙が生まれる。出合いは、その隙を狙って逆に攻撃を仕掛ける、いわばカウンターだ。

カウンターは、そのタイミングを見極めるのが、非常に難しい。何度も稽古を重ねることで、徐々にそのタイミングをつかんでいこう。

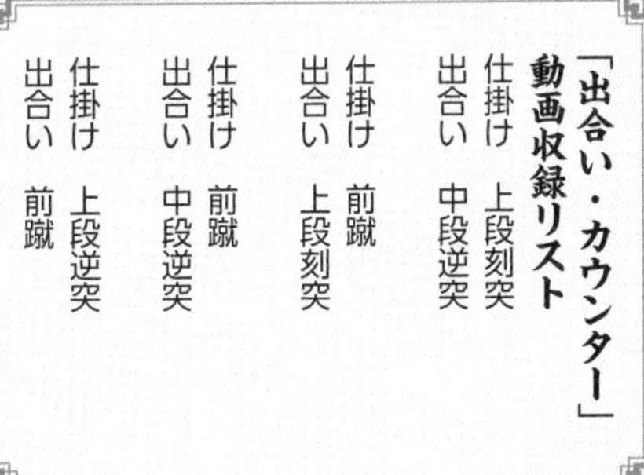
「出合い・カウンター」動画収録リスト

仕掛け　上段刻突
出合い　中段逆突

仕掛け　前蹴
出合い　上段刻突

仕掛け　前蹴
出合い　中段逆突

仕掛け　上段逆突
出合い　前蹴

後の先とは

相手に攻撃を出させ、その攻撃受けたり、かわしたりした後、すかさず反撃する攻撃パターンだ。

受身的な攻撃方法のようだが、上級者になると、間合いと気魄で相手を追いつめ、相手に苦しまぎれの技を出させてから反撃するという、非常に高度な駆け引きを使うこともある。どんな攻撃でも受けられるよう、日頃から受け技をしっかりと磨いておく必要がある。

蹴りをさばき、体勢を崩させてから、すかさず後の先を狙う

仕掛け 前蹴

受け極め 下段払から上段逆突

相手が前蹴を仕掛けてきたところを、まずは下段払でしっかりと受ける。受ける瞬間には、突き手を腰に構え突きの準備動作を整える。そして、相手が体勢を戻す前に上段への逆突ですばやく反撃する。

相手の攻撃を誘い出しすかさず反撃する

LEVEL. 7

自由組手 後の先

LEVEL.7 自由組手 後の先

仕掛け 中段逆突
受け極め 下段払から上段逆突

中段（やや下）への突きを下段払で外に弾き出しての上段逆突。受けの動作では後屈立となり、重心を後ろに置き、そこから反撃に転じる際は、足を踏み出して重心を前に移動しながら、その勢いを使って攻撃する。

仕掛け 前蹴
受け極め 下段払から廻蹴

今度は、相手の前蹴に対して、廻蹴で反撃する。下段払の瞬間は、体をやや右後方に引き、相手との間合いをとり、同時に蹴りの準備動作に入っている。蹴りでの返し技は、リーチが長い分、よりスピードが必要だ。

体が伸びきる瞬間を狙い撃ちにする

相手の攻撃を受けてから反撃する攻撃パターンは、空手のもっとも基本的な攻撃姿勢だ。受けることで相手の動きを観察し、反撃するためのタイミングを見極めることができる。

また、単に受けるだけではなく、受け技で相手の体勢を崩し、自分を有利な状況にもっていくことで、反撃の効果も高まる。

「後の先」動画収録リスト

仕掛け　中段逆突　受け極め　中段押え受→上段逆突
仕掛け　中段逆突　受け極め　中段押え受→上段刻突
仕掛け　上段刻突　受け極め　上段流し受→中段逆突
仕掛け　前蹴　受け極め　中段すくい受→中段逆突
仕掛け　前蹴　受け極め　体さばき→上段廻蹴

公益社団法人
日本空手協会
Japan Karate Association

解　説

公益社団法人 日本空手協会は、空手道の研究並びに指導によって、その技術の向上と自己鍛錬の普及を図り、それをもって国民の体位の向上と健全な武道精神の涵養に寄与すること、また、礼節を重んじる日本武道の精神を世界各国に広めることによって世界平和に貢献することを目的としています。

すべての会員が日々の厳しい鍛錬を通して人格の向上を図り、広く社会に貢献していくことを、日本空手協会が目指す武道空手の本来の真価、役割とし、常に社会の公益性を重視して活動を続けてきています。

現在、東京都文京区にある総本部道場には「研修生制度」を修了した指導員が常勤し、技術研鑽、研究、指導にあたっています。

研修生は日々行われる「総本部指導員稽古」で自らの技術、精神を高め鍛えるとともに、空手理論、指導法などを習得します。その追求は研修期間を終え、指導員に合格した後も生涯にわたり続きます。空手道の理解を深める研鑽と工夫に終わりはないのです。

また、総本部を中心として全国に9つの地区本部を設け、その下に47都道府県本部、支部道場、官公庁、実業団、大学、高校、中学校、スポーツクラブなど、約900支部団体、海外130を超える国々が日本空手協会に加盟し、活動しています。

▲高校生合宿

▲国内外全国合宿

▲小学生中学生全国合宿

内閣総理大臣杯
全国空手道選手権大会

昭和32年10月、東京体育館に於いて、第1回全国空手道選手権大会を開催し、初めて空手道の試合化に踏み切りました。これ以後空手道が爆発的な早さで世界中に普及しました。

第5回大会には現上皇陛下（当時皇太子殿下）のご臨席を賜り、第8回大会から日本武道館をはじめとする全国の大会場で開催されるなど、規模、内容ともにもっとも歴史と権威のある空手道大会として、評価を得ています。

文部科学大臣杯
小学生・中学生
全国空手道選手権大会

各都道府県、男女各学年に分かれ、大会予選を勝ち抜いた小学生・中学生代表選手が集い技を競っています。
また、高校生は、内閣総理大臣杯 全国空手道選手権大会において同時開催される高校生部門で、日頃の研鑽ぶりを競い合っています。

熟練者全国空手道選手権大会

自らの限界に挑む熟練者が切磋琢磨する場として全国各支部の40歳以上の男性、35歳以上の女性選手が集い、毎年開催されています。
近年、日本空手協会が提唱する武道空手に興味を持つ中高年の入会が増加しています。あらゆる層に機会を設け、武道空手をより深く学ぶ道へ導く。それが日本空手協会の実践する「生涯空手」なのです。

日本空手協会 公式サイトとは？

本書を読んで「空手に興味が湧いた」「空手道場に行ってみたい」と思ったら、まずは日本空手協会の公式サイトを覗いてみてはいかがでしょう。

空手を始めたい人に向けての解説、近くにある支部のリスト、よくある質問などから、申し込みの方法に至るまで初心者でもよくわかるガイドにもなっています。

さらに、各地区や県大会、全国大会や世界大会などの情報や結果、活動報告なども頻繁に更新しているので空手協会の情報はこのサイトで網羅することができます。

また、自宅でパソコン等を使用して受講する「オンライン稽古」や、特選動画集としてJKA審判講習の教材が動画で視聴できるなど、現代に則したユニークな試みも行っています。

このサイトを一通り見て回ってみて、空手への興味が一層湧いたら、実際に道場に足を運んでみるのがオススメです。

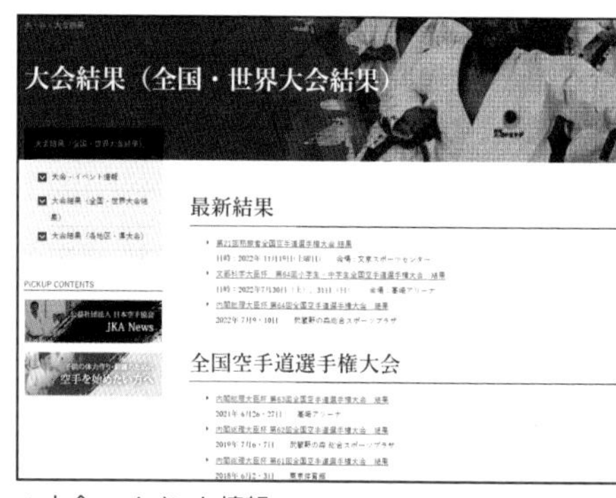

▲大会・イベント情報

▲各種申込みなども公式サイトからダウンロード可能

日本空手協会 公式サイト https://www.jka.or.jp/

公式SNS・動画サイトでも発信中！

Youtube @japankarateassociation2049
Twitter @JkaNews_
Instagram @ jka_news
Facebook https://www.facebook.com/news.jka

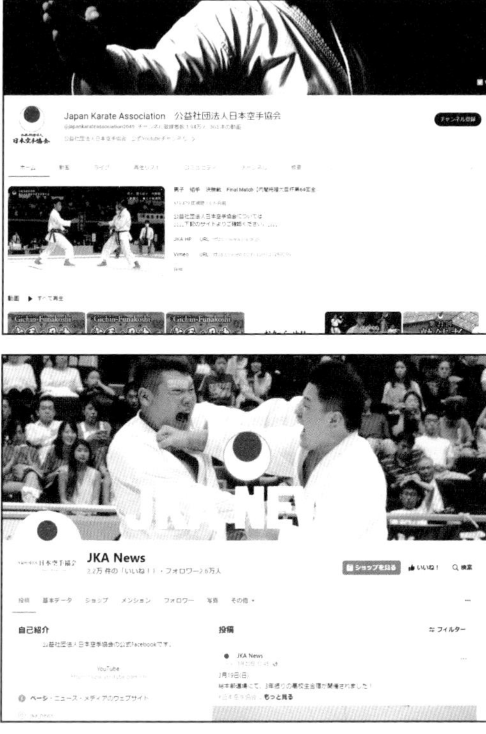

JKA総本部
〒112-00047
東京都文京区後楽2-23-15
TEL:03-5800-3091
FAX:03-5800-3100
※JKAは、全国に800以上の支部があります。
※公式サイトに全国の支部の記載があります。
　お問い合わせは各都道府県の本部へ。

JKA オリジナルグッズも！

◀JKAパーカーやTシャツも販売中。素材や縫製までこだわり抜いた一品で、日常でもさり気なく着こなせるデザインがカッコイイ！

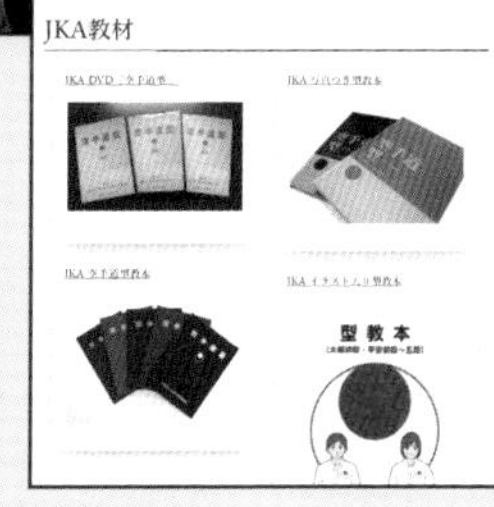

▶空手協会が製作した教材も販売している。動画を観ながら型を学べるDVDや、写真入り、イラスト入りで解説したわかりやすい教本も。

監修者プロフィール

公益社団法人 日本空手協会

昭和23年5月に結成、昭和32年に空手道唯一の社団法人として文部省認可（委社第180号）。国内はもとより、世界各国で空手道の普及と指導にあたっている。また、毎年全国大会を開催し、加盟各国において3年ごとに世界大会も開催。世界最大規模の伝統空手道実技団体として、武道文化を正しく継承発展させるべく活動中。

モデル
志水　亮介（日本空手協会総本部指導員 六段）・右
栗原　一晃（日本空手協会総本部指導員 六段）・中
新垣美紗子（日本空手協会総本部出身師範 四段）・左

編集・製作・・・・・・・・・・ 株式会社フィールドワイ
ライター・・・・・・・・・・・・ 岩間真一（株式会社アバンズゲート）
関 圭一朗
JUKE 弘井
デザイン・DTP ・・・・ Techno Deco Co.,Ltd.
スチール撮影・・・・・・・・ 丸山　尚（Earnest）
動画制作・・・・・・・・・・・・ 株式会社アバンズゲート
動画ディレクター・・・・ 林　昌幸

製作協力・・・・・・・・・・・・ 公益社団法人 日本空手協会 技術局
監修・・・・・・・・・・・・・・・・ 植木政明　大坂可治　大隈広一郎

増補改訂 動画でいちばんよくわかる 空手道

2023年6月20日　第1刷発行

監修者　公益社団法人 日本空手協会
発行者　吉田芳史
印刷所　株式会社　光邦
製本所　株式会社　光邦
発行所　株式会社日本文芸社
〒100-0003
東京都千代田区一ツ橋 1-1-1 パレスサイドビル 8F
電話　03-5224-6460［代表］
URL https://www.nihonbungeisha.co.jp/

Printed in Japan 112230609-112230609 Ⓝ 01（210115）
ISBN978-4-537-22113-8
（編集担当 岩田裕介）

※本書は『空手道』（2007年5月発行、2017年7月改訂）を加筆訂正し、再編集したものです。